La asombrosa creación de Dios

Génesis 1-2

Kay Arthur
Janna Arndt

Las ilustraciones fueron hechas por Steve Bjorkman

La portada fue hecha por Left Coast Design, Portland, Oregon

Harvest House Publishers, Inc., es el titular exclusivo de la licencia de la marca registrada federalmente Discover 4 Yourself.

Discover 4 Yourself® Estudios Bíblicos para Niños
GOD'S AMAZING CREATION
Copyright ©2001 por Ministerios Precepto Internacional
Publicado por Harvest House Publishers
Eugene, Oregon 97402
www.harvesthousepublishers.com

ISBN 978-1-62119-766-9

CONTENIDO

Buscando la Verdad
¡Un Estudio Bíblico que *Tú* Puedes Hacer!

EXCAVAR EN BUSCA DE LA VERDAD
¡UN ESTUDIO BÍBLICO QUE TU PUEDES HACER!

Hola! Es grandioso verte de nuevo. ¿Adivina qué? Silvia y yo vamos a una excavación arqueológica, ¡y queremos que vengas con nosotros! Nuestro tío Jaime es un arqueólogo y ya que ser un arqueólogo se parece mucho a ser un detective, él pensó que a Silvia y a mí nos gustaría pasar parte de nuestro verano ayudándolo en una excavación. ¿No es eso emocionante? Tenemos la oportunidad de ir a una verdadera excavación y Jaime dice que también podemos llevar a Chispa (el gran perro detective) con nosotros. ¿Recuerdas cómo Chispa ama rastrear pistas con su olfato?

Mientras estamos en esta expedición necesitamos hacer una crucial investigación y descubrir cómo empezó este mundo, quién creó la tierra y cómo llegamos a este lugar. Estas preguntas son muy importantes y todos necesitan conocer las respuestas a ellas. Podrás encontrar las respuestas a esas preguntas porque tienes la Palabra de Dios, la Biblia, la fuente de toda la verdad y el Espíritu de Dios para dirigirte y guiarte. También cuentas con este libro, el cual es un estudio bíblico inductivo. Esta palabra *inductivo* significa que este estudio te ayudará a investigar el libro de Génesis y descubrir *por ti mismo* lo que significa, en lugar de depender de lo que alguien dice que significa. ¿No es eso asombroso?

Entonces, ¿estás listo para convertirte en un miembro de un verdadero equipo de excavación arqueológica, capaz de descubrir la verdad en la Palabra de Dios? Si es así, entonces empaca las maletas y nos encontraremos en el sitio de excavación. Aquí se encuentra una lista de algunas cosas que necesitarás al comenzar nuestro viaje hacia la Creciente Fértil para averiguar cuándo y cómo empezó todo.

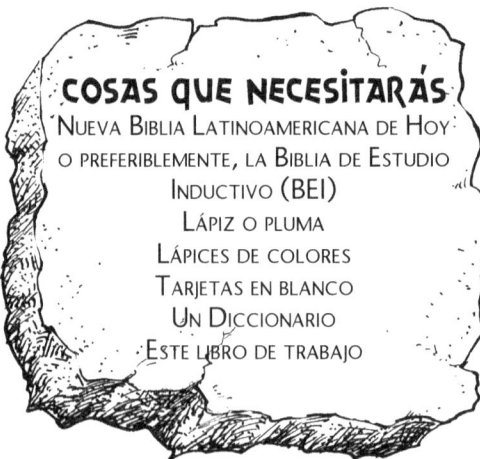

¡Nos vemos en el sitio de excavación!

COSAS QUE NECESITARÁS
Nueva Biblia Latinoamericana de Hoy
o preferiblemente, la Biblia de Estudio
Inductivo (BEI)
Lápiz o pluma
Lápices de colores
Tarjetas en blanco
Un Diccionario
Este libro de trabajo

1

EL SITIO DE EXCAVACIÓN

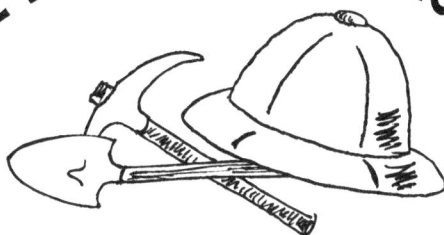

GÉNESIS 1

¡Has llegado! ¡Oh no! ¡Cuidado! Aquí viene Chispa y él está muuuuy emocionado de verte de nuevo.

"¡Chispa, ya deja eso! ¡Bájate Chispa! ¡Deja de lamer sus caras! Ellos te están viendo".

Lamento eso. Chispa se divirtió tanto trabajando contigo en nuestra aventura anterior, que está un poco emocionado. ¿Por qué no nos dirigimos a nuestra tienda y le damos a Chispa una oportunidad de calmarse? El tío Jaime y el equipo tienen lista nuestra tienda, de manera que podemos guardar nuestro equipaje. Luego estaremos listos para comenzar nuestra nueva aventura en Génesis, Parte Uno.

PRIMER DÍA

LA AVENTURA COMIENZA

¡Oye, te ves genial en esos pantalones caquis! Lo primero que necesitamos hacer hoy es obtener nuestras instrucciones del "jefe de excavación". Necesitamos consultar con Él lo que haremos cada día antes de comenzar nuestro trabajo. ¿Sabes quién es nuestro "Jefe de Excavación"? Correcto— ¡es Dios! Antes de hacer cualquier cosa, necesitamos buscar a Dios en oración y pedirle Su sabiduría y guía para que podamos entender las verdades que excavaremos en Su Palabra.

Así que primero lo primero. Ora y dale gracias a Dios por esta gran oportunidad de pasar tiempo con Él excavando Sus preciosas verdades. Luego pídele Su ayuda. Jamás alcanzaremos nuestro destino sin que Dios nos guíe y muestre el camino. Ahora toma esas mochilas y vamos al Sitio de excavación #1.

SITIO DE EXCAVACIÓN #1

Ahora que nos encontramos en el lugar, hablemos sobre lo que hace un arqueólogo. Un arqueólogo trata de descubrir la historia entera sobre cómo vivió un pueblo en el pasado, algo así como un detective que resuelve el misterio, al buscar las pistas en la escena del crimen. Los arqueólogos tratan de resolver el misterio del pasado al ubicar un sitio. Luego ellos estudian e investigan la historia y los escritos registrados que tratan sobre aquel sitio. Después que terminan su investigación, ellos planean cuidadosamente una excavación, para poder buscar pistas para hallar evidencia que muestre lo que realmente sucedió en el pasado. Nosotros haremos lo mismo al estudiar el Libro de Génesis. Estudiaremos la historia y los escritos registrados (la Biblia), luego excavaremos las verdades que nos den la evidencia sobre qué realmente ocurrió en el principio y cómo llegó el mundo a existir.

Como el tío Jaime y el equipo ya tienen ubicado nuestro sitio de excavación, nuestro primer trabajo será obtener algunas fotos del sitio de excavación antes de comenzar a excavar. Necesitamos ver el cuadro completo de lo que está sucediendo en el libro que estamos estudiando, haciendo un panorama general de libro. Para hacer un panorama general, usualmente lees todo el libro que estás estudiando. Ya que Génesis es un libro muy largo, en este estudio solo leeremos los capítulos 1-5 para hacer nuestro panorama general. El panorama general nos ayudará a entender la razón por la cual el autor escribe el libro y cuáles son los eventos principales del libro. También nos ayudará a ver el contexto de libro que estamos estudiando.

El contexto es muy importante cuando se trata de estudiar la Biblia porque nos ayuda a saber con certeza que todo se interpreta correctamente. Entonces ¿qué es el *contexto*? El contexto es el entorno en el cual algo se encuentra, lo cual no es solo importante en el estudio bíblico sino también en la arqueología. El contexto es una combinación de dos palabras: *con*, que significa "junto a" y *texto*, que significa "lo que está escrito". Así que cuando busques el contexto en la Biblia, buscas los versos alrededor del pasaje que estás estudiando. Luego piensas también sobre dónde encaja el pasaje dentro del cuadro completo del capítulo y libro que estás estudiando y luego en cómo el pasaje encaja en toda la Biblia.

Además el contexto incluye:

- El lugar donde ocurre algo. (Esto es el contexto geográfico, como el Creciente Fértil y no Estados Unidos y Canadá).

- El tiempo en la historia en que sucede un evento. (Esto es el contexto histórico, como el tiempo antes de Noé y el diluvio o el tiempo después del diluvio).

- Las costumbres de un grupo de gente. (Esto es el contexto cultural, como cuando las personas en los tiempo bíblicos vivían en tiendas. Por ejemplo, Abraham, quien era un hombre muy rico, vivió en una tienda y no en una casa. Ellos también vestían túnicas y no blue jeans).

Siempre es importante estar buscando el contexto porque te ayuda a descubrir lo que la Biblia está diciendo. Podemos hallar el contexto con la observación. Comenzamos examinando las cosas que son obvias, estas son las cosas que son más fáciles de ver. En la Biblia las tres cosas más fáciles de notar son siempre:

1. personas (¿QUIÉN?)

2. lugares (¿DÓNDE?)

3. eventos (¿QUÉ?)

Así que al comenzar hoy, prestemos atención a lo obvio en Génesis 1 al ir a nuestros Registros de Observaciones. Los Registros de Observaciones son páginas que tienen el texto bíblico impreso para que lo uses al buscar la verdad por ti mismo.

Ve a la página 138 y lee Génesis 1.

Una cosa que necesita un arqueólogo en su sitio de excavación es un artista que dibuje descubrimientos importantes. Después que hayas leído Génesis 1, harás el trabajo de un artista. Dibuja el evento principal que descubras en Génesis 1 en el cuadro de abajo.

Ahora hazte esta pregunta: ¿QUÉ está sucediendo en este capítulo? Luego escribe un título para el evento principal en la línea abajo del cuadro. Un título es una descripción muy breve que dice cuál es el evento principal. Un título debería:

1. ser tan corto como sea posible

2. describir lo principal que se trata en el capítulo

3. si es posible, usar palabras que encuentres en el capítulo, en lugar de tus propias palabras

4. ser fácil de recordar

5. ser distinto de los otros títulos, para que puedas diferenciarlos

Génesis 1

¡Ese fue un gran descubrimiento! Ahora, antes que dejemos el sitio por hoy, practiquemos un poco en decodificar jeroglíficos. Jamás sabes cuándo nos podríamos topar con un mensaje escrito en este antiguo idioma egipcio. Así que practiquemos nuestras habilidades al decodificar el mensaje de abajo. Es un mensaje muy importante que nos dice por qué es importante conocer la Palabra de Dios y cómo sabemos que podemos poner nuestra completa confianza en lo que la Biblia dice. Descifra el mensaje usando nuestro código jeroglífico. Encuentra la palabra en el código jeroglífico que corresponda a la figura en nuestro mensaje a continuación. Luego escribe la palabra que corresponda a la figura en los espacios en blanco debajo del código.

Código Jeroglífico

perfecto	toda	y	sea	por
corregir	equipado	para	Dios	toda
buena	en	inspirada	es	hombre
de	útil	reprender	a	justicia
Escritura	fin	enseñar	que	el
Timoteo	instruir	obra		

○   ᠕᠕᠕   •   ∧   ʒ   △

_____   _____   _____

+   ⌠   ⌒   ≠   ⌒

_____   _____   _____ ,

⊖   ⌒   ✕   ⌒

_____ ,   _____   _____ ,

⩘   ⩛   ⌐   □   ⌒

_____   _____ ;

| ⌄   ⌐   ⚲ | △   ⅄

_____   _____   _____

⅄   //   ⌒   ⁞⁞

_____ ,   _____   _____

Υ   ⬦

_____   _____ .

                              ⌣

                    2 _____ 3:16-17

Ahora escribe este mensaje (tu verso para memorizar) en una tarjeta y comienza a memorizarlo al leerlo en voz alta tres veces seguidas, ¡tres veces hoy!

DiBUJANDO EL MAPA

¡Buenos días! ¿Estás listo para regresar a nuestro sitio de excavación? Hoy continuaremos dibujando lo principal que sucede en Génesis, para ayudar a nuestro topógrafo a tener un mapa claro de lo importante en nuestra excavación. Pero antes de comenzar, Chispa está aullando. Él está tratando de asegurarse que no nos olvidemos de reportarnos con nuestro "Jefe de Excavación" primero. ¿Has orado? Bien.

Entonces vamos al sitio al dirigirnos a la página 141 en nuestro Registro de Observaciones de Génesis 2. Lee Génesis 2. Al leer hoy, marca cada referencia a la palabra *Adán* de una manera especial, coloreándola de naranja. No te preocupes sobre marcar cualquier pronombre o sinónimo de *Adán*. Solo marca la palabra *Adán*.

Ahora ¿DÓNDE es el primer lugar en el que viste la palabra *Adán*? Escribe el capítulo y verso en el cual se usa *Adán* por primera vez.

Ahora dibuja la imagen completa de lo que ocurre en Génesis 2 en el cuadro de abajo y escribe un título para nuestro topógrafo.

Génesis 2

¿Notaste que tanto Génesis 1 y 2 tratan el mismo tema? ¿Cuál es ese tema? La C _ _ _ _ _ _ _

¡Vaya! ¡Lo hiciste! Has descubierto nuestra primera pista en el libro de Génesis. Ahora antes de ir a las duchas, practiquemos nuestro verso de memoria de "3 x 3, eso es tres veces seguidas en voz alta, tres veces al día.

EN EL CAMPO

"Oye Silvia, ¿estás lista para hacer más investigación? Me encanta dibujar estos 'mapas' arqueológicos. Es tan increíble ver cómo cada capítulo encaja junto a otros".

¿Qué hay de ti? ¿Estás listo para ir a Génesis 3 y dibujar la siguiente parte de nuestro mapa? No olvides hablar primero con el "Jefe de Excavación", luego ve a la página 144 y lee Génesis 3. Marca cada referencia a la palabra *Adán* de manera especial, coloreándola de naranja tal como lo hiciste ayer.

Ahora dibuja el evento principal y dale un título.

Génesis 3

¡Fantástico! ¡Otra pieza para nuestro mapa está dibujada! Persiste. Estás haciendo un gran trabajo asentando las bases. Necesitamos un mapa arqueológico completo antes que podamos comenzar nuestra excavación.

CONTINUANDO EL ASENTAMIENTO DE LAS BASES

"Oye Max, pásame la cantimplora. Hace mucho calor aquí afuera".

"Seguro que sí, Silvia. ¿Puedes creer toda la investigación que hemos hecho hasta ahora? Estamos casi listos para comenzar a excavar. ¡Apenas puedo esperar!"

"Yo también, Max".

Así que apresurémonos y regresemos a nuestro Registro de Observaciones en el página 148. Mientras tomamos una bebida fría podemos leer Génesis 4. Leamos y marquemos toda referencia a la palabra *Adán* coloreándola de naranja tal como lo hicimos ayer.

Ahora dibuja el evento principal en el cuadro de abajo y escribe un título debajo de la figura.

Génesis 4

Lo tienes. ¿Cómo te va con tu verso para memorizar? Trata de decírselo a un amigo o a un adulto. Chispa está muy orgulloso. ¡Está meneando su cola!

QUINTO DÍA

TERMINANDO EL MAPA

¿Puedes creerlo, Max? Solo nos queda un capítulo más que hacer para nuestro panorama general, luego nuestro mapa estará completo y estaremos listos para comenzar a excavar".

"Lo sé, Silvia. Chispa tampoco puede esperar. Ya sabes cómo le encanta cavar".

Así que tomemos nuestros lápices y nuestras libretas de dibujo y vamos a Génesis 5 en la página 151. Lee Génesis 5 y marca *Adán* de la misma manera que lo hemos hecho en los otros capítulos.

Luego toma un lápiz café y subraya la frase *"y murió"*. Cada vez que veas la frase "y murió", escribe a lado de la frase, cuánto tiempo vivió cada hombre, según lo que la Biblia dice.

Ahora haz tu dibujo del evento principal de Génesis 5 y escribe un título debajo de tu dibujo.

Génesis 5

¡Lo hiciste! Ahora tienes el panorama general de lo que sucede en los primeros cinco capítulos de Génesis. ¿No estás emocionado por todo lo que has visto? Y apenas hemos comenzado a raspar la superficie.

¿QUIÉN crees que escribió el Libro de Génesis? Has descubierto en tu panorama que Génesis es un libro sobre el principio, sobre la Creación, entonces ¿QUIÉN estaba allí para contar qué pasó realmente, excepto Dios?

Los judíos ortodoxos y los cristianos creen que Moisés escribió los primeros cinco libros de la Biblia. ¿Conoces los nombres de los primeros cinco libros de la Biblia? Escríbelos a continuación:

_____

_____

_____

_____

_____

Estos cinco libros eran conocidos como la Torá o el Pentateuco. (¿Sabías que *penta*, la primera parte de la palabra *pentateuco*, significa "cinco"?) De hecho, cuando lees en la Biblia que los judíos hablan sobre el libro de la ley, ellos están hablando de estos primeros cinco libros de la Biblia, la Torá. ¿Sabías que hay otros hombres que no creen que Moisés escribió la Torá? Estos hombres dicen que los primeros cinco libros de la Biblia fueron escritos por diversos autores.

Así que descubramos por nosotros mismos. Revisemos lo que la Biblia tiene que decir sobre quién escribió este importantísimo libro de los orígenes. Comparemos Escritura con Escritura yendo a otros pasajes en la Biblia. Esto se llama hacer referencias cruzadas. Recuerda, la Escritura es el mejor intérprete de la Escritura. Al examinar otros pasajes de la Escritura, veremos lo que dicen sobre QUIÉN escribió este libro. También tenemos que recordar que debemos estar pendientes del contexto, al ver los versos que están antes del verso que estamos mirando y los versos que van después del verso que estamos viendo.

Busca y lee Juan 5:46-47.

¿QUIÉN está hablando? ¿QUIÉN es el "Mí"? (Pista: mira el verso 19 para descubrir quién es el "Mí").

_____

¿QUIÉN escribió sobre Jesús?

_____

¿Deberíamos creer sus palabras?   _____ Sí _____ No

Ahora lee Juan 7:19. ¿QUIÉN está hablando? (Pista: mira el verso 16).

_____

¿QUIÉN dio la ley?

_____

Así que al mirar estos versos, ¿QUIÉN dirías que es el autor de Génesis?

_____

Pero ¿CÓMO escribió Moisés Génesis cuando él ni siquiera había nacido hasta el tiempo de Éxodo? ¿CÓMO supo Moisés qué escribir? Volvamos a la Palabra y veamos QUÉ nos dice la Biblia.

Busca y lee 2 Pedro 1:20-21.

2 Pedro 1:21. ¿CÓMO supieron estos hombres qué escribir?

Hombres _____ por el _____ _____

hablaron de parte de _____ .

Lee Éxodo 17:14. ¿QUÉ le dijo Dios a Moisés que hiciera?

_____

Lee Éxodo 24:4. ¿QUÉ hizo Moisés?

_____

Ahora repasemos tu verso para memorizar, 2 Timoteo 3:16-17.

Toda Escritura es _____ por Dios.

La palabra griega para *inspirada* es *theopneustos*. Se pronuncia así: te-op-nios-tos. ¿Por qué no tratas de decirla? *Theos* significa "Dios" y *pneo* significa "respirar". Así que la palabra *inspirada* (*theopneustos*) significa que la Escritura es "soplada por Dios". ¿No es eso asombroso? Sabemos que podemos confiar en lo que la Biblia nos dice porque viene directamente de Dios.

Sí, hombres ordinarios escribieron libros en la Biblia. Pero vemos muy claramente que Dios es Aquel que les dijo a los hombres qué escribir. Estos hombres fueron movidos por el Espíritu de Dios para escribir lo que Él quería que ellos dijeran. La Biblia no contiene las palabras de Dios; es la Palabra de Dios. Es "divinamente soplada" y es útil para enseñar, para reprender (que significa decirle a alguien que está haciendo algo mal), para corregir (que significa traer a alguien de regreso al camino correcto) y para instruir en justicia (que significa dar la instrucción correcta y corregir para que alguien sea justo y tenga una relación correcta con Dios).

Ahora que sabes CÓMO la Biblia fue escrita y de DÓNDE vinieron las palabras, Silvia y Max quieren que pienses en estas preguntas muy importantes:

- ¿Crees lo QUE dice la Biblia?
  _____ Sí _____ No

- ¿Escogerás creer lo que dice la Biblia por encima de lo que diga el hombre?
  _____ Sí _____ No

- ¿Dejarás que las palabras de Dios te muestren en qué estás equivocado?
  _____ Sí _____ No

- ¿Estás dispuesto a ser corregido? ¿Cambiarás lo que está mal por lo que está bien, incluso si eso significa cambiar lo que crees? _____ Sí _____ No

¡Buen trabajo! Nuestro mapa arqueológico está completo y ya hemos visto algunas verdades muy importantes que necesitamos recordar y aplicar a nuestras vidas. Al dirigirnos a nuestra tienda, toma un momento para pensar sobre lo que has aprendido que no sabías antes. Agradece a Dios por amarte tanto que te creó y te dio Su santa Palabra para que puedas conocer la verdad y vivir de una manera que Le agrade. Luego vete a la cama. La mañana llega temprano, ¡y mañana comenzamos la excavación!

2
LA EXCAVACIÓN COMIENZA

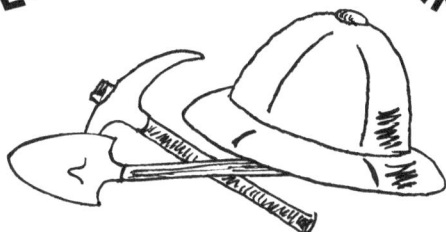

GÉNESIS 1

Mientras Max dormía, de repente sintió algo húmedo y áspero en su rostro. "¡Ugh!" pensó al abrir sus ojos. "¿Qué es eso? ¡Chispa! Para eso, Chispa. ¡Deja de lamer mi cara! ¡Bájate chico!"

Silvia, riéndose, vio el reloj. "Oye, Max, él solo está tratando de levantarte. Es hora de desayunar y luego debemos comenzar a excavar".

"Vaya, no puedo creer que olvidé que hoy es el gran día. Con razón estabas tratando de despertarme, Chispa. Las bases están casi asentadas y la diversión está por comenzar. ¡A que llego a la tienda antes que tú, Silvia!"

¿Estás listo para unirte a Max y Silvia al comenzar excavando las verdades de Dios en Génesis 1? Esta semana comenzaremos viendo los detalles en el primer capítulo de Génesis para descubrir exactamente QUÉ sucedió en el principio y CÓMO ocurrió. Así que toma tus palas y gánale a Silvia, Max y Chispa en llegar al sitio de excavación.

BUSCANDO PISTAS

"¡Hemos llegado!"

"Baja la voz, Silvia. El supervisor de área ha sacado los planos y no puedo escuchar todo lo que está diciendo".

"Muy bien todos, el mapa está listo. Clavemos los postes en la tierra y tracemos la cuadrícula". El supervisor de área justo estaba terminando sus instrucciones cuando el tío Jaime se acercó al sitio.

"Lamento que no hayas podido oír, Max. Aquí viene el tío Jaime. Le preguntaremos a él".

"Oye, tío Jaime", dijo Max, "¿qué quiso decir él con clavar los postes y trazar la cuadrícula?"

"Bueno Max, al principio de una excavación, tenemos que dibujar una cuadrícula sobre un mapa topográfico. Este es un mapa muy detallado que muestra un lugar o región tal cual es. Este mapa nos ayudará a decidir qué áreas queremos excavar primero (que significa desenterrar). Luego introducimos postes en las cuatro esquinas del área de la tierra que vamos a excavar y extendemos cordeles a cada poste para formar el contorno de un cuadrado. Después de eso, dividiremos el interior del gran cuadrado en cuadrados individuales más pequeños que miden alrededor de cinco metros por cinco metros utilizando el cordel y más postes. Cada cuadrado recibirá una letra y un número como este: A1, A2, etc. y cada cuadrado tendrá su propio supervisor, para mantener un registro diario del trabajo, los hallazgos y las observaciones de la excavación".

"Vaya, no sabía cuánto trabajo tenían que hacer antes de siquiera empezar a excavar, tío Jaime. ¿Crees que podremos excavar hoy?"

"Hoy no, pero no tardará mucho y valdrá la espera. Así que ¿están listos para comenzar?"

"Tan pronto oremos, estaremos listos".

Ahora ayuda a Max y Silvia a dibujar la cuadrícula, dirigiéndote a Génesis 1 en la página 138 y marcando tus palabras y frases clave.

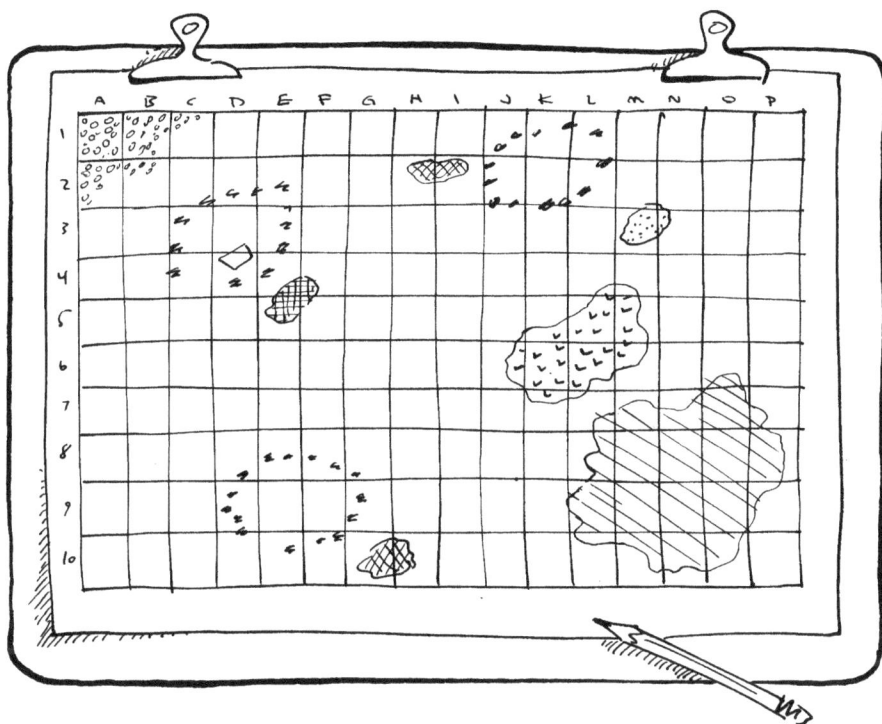

¿Qué son *palabras clave*? Las palabras clave son palabras que resaltan más de una vez. Estas son llamadas palabras clave porque ayudan a descifrar el significado del capítulo o del libro que estás estudiando y te da pistas sobre qué es más importante en un pasaje de las Escrituras.

- Las palabras clave usualmente se usan una y otra vez.

- Las palabras clave son importantes.

- Las palabras clave son usadas por el autor por una razón.

Una frase clave es como una palabra clave, excepto que es un grupo de palabras que se repiten en lugar de solo una palabra. Tales como "lo logré", "lo logré", "lo logré". El grupo de palabras de "lo logré" es una frase que se repite en lugar de solo una palabra.

Una vez que descubras una palabra clave o una frase clave, necesitas marcarla de una manera especial, usando un color especial o un símbolo, para que puedas identificarla inmediatamente en la Escritura. También necesitas observar y ver si hay cualquier pronombre o sinónimo que va con la palabra clave o la frase clave y marcarlos también. ¿Qué son los pronombres y sinónimos? Echa un vistazo a tus mapas a continuación:

MAPA DE PRONOMBRES

Los pronombres son palabras que toman el lugar de los sustantivos. Un sustantivo es una persona, lugar o cosa. Un pronombre representa a un sustantivo. Aquí hay un ejemplo: "Silvia y Max hicieron una carrera hacia el sitio de excavación. Ellos no pueden esperar para comenzar". La palabra *ellos* es un pronombre porque reemplaza los nombres de Silvia y Max en la segunda oración. Es otra palabra que usamos para referirnos a Silvia y a Max.

Mantén los ojos abiertos para estos otros pronombres:

Yo	tú	él	ella
me	mi	te	ti
mío		tuyo	

nosotros	
nuestro	nos
ellos	los/las

MAPA DE SINÓNIMOS

Los sinónimos son palabras diferentes que significan lo mismo. Por ejemplo, *bote de vela*, *yate* y *bote de remos* son diferentes palabras, pero todas son nombres de clases de botes. Estas palabras son sinónimas.

Ahora que sabes qué son las palabras clave, los pronombres y los sinónimos, ve a la página 138 de tu Registro de Observaciones de Génesis 1. Lee todo Génesis 1 y marca las siguientes palabras clave y frases clave. Además marca cualquier cosa que te diga cuándo sucedió algo con un reloj como este:

Dios (dibuja un triángulo morado y coloréalo de amarillo. No olvides marcar los pronombres).

Y fue la tarde y fue la mañana: _____ día
(Enciérralo con verde y coloca un reloj sobre la referencia de tiempo como este: Esta es una frase clave).

Y así fue (subraya con doble línea naranja)

Según su especie (encierra con rojo)

¡Buen trabajo! Ahora vamos a la carpa comedor. Estamos hambrientos. Oye, ¿adivina qué? Antes de comer, el tío Jaime tiene algo que mostrarnos en otra tienda. Él quiere que veamos parte de una tableta de piedra que él desenterró en una excavación diferente. Echemos un vistazo.

¿No es eso genial? Pero no podemos leer todo el mensaje en la tableta. Algunas de las letras están desgastadas. ¿Puedes mirar las pistas debajo y averiguar el mensaje que alguna vez fue escrito en esta tableta de piedra? Vuelve a Génesis 1 y mira si reconoces este verso. Luego completa los espacios en blanco en la tableta a continuación y escribe este verso en tu tarjeta. Será tu verso para memorizar esta semana.

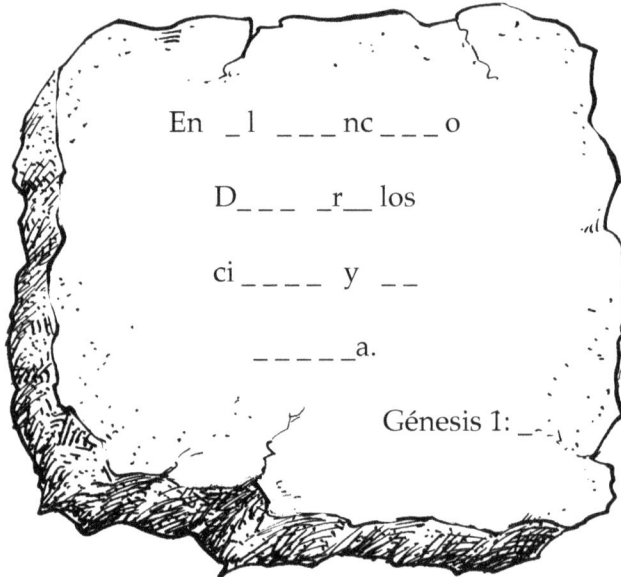

En _l ___ nc ___ o

D___ _r_ los

ci ____ y __

_____a.

Génesis 1: _ _

Ahora practica diciéndolo en voz alta, ¿cuántas veces seguidas? _____ ¿Y cuántas veces al día?_____ ¡Eso es! Vamos a comer y nos veremos de nuevo en el sitio de excavación mañana.

SEGUNDO DÍA

ESTUDIANDO LA CUADRÍCULA

¡Uff! ¡Otro día caluroso! Ser un arqueólogo es un trabajo caluroso y sucio, pero también es genial investigar el pasado.

Una habilidad en la que los arqueólogos y sus equipos necesitan ser muy buenos es la habilidad de la observación. Ellos tienen que examinar muy atentamente todo lo que encuentran. ¡Ellos examinan incluso la tierra! Nosotros trabajamos en esta habilidad ayer al descifrar las palabras clave. Hoy veremos otra manera para desarrollar esta habilidad muy importante.

Cuando los arqueólogos estudian el sitio de excavación, ellos hacen preguntas. Aquellas preguntas les ayuda a pensar sobre cómo pudieron suceder las cosas. Necesitamos practicar esta habilidad de hacer preguntas al continuar examinando Génesis 1. Necesitamos aprender a formular las seis preguntas básicas. ¿Sabes cuáles son las seis preguntas básicas? Estas son preguntas de QUÉ, QUIÉN, CÓMO, CUÁNDO, DÓNDE y POR QUÉ, las cuales nos ayudan a desenterrar la verdad sobre lo que ocurrió en el pasado.

1. QUIÉN te ayuda a descubrir:
   ¿QUIÉN escribió esto?
   ¿A QUIÉN se le escribió?
   ¿Acerca de QUIÉNES leemos en esta sección de la Escritura?
   ¿QUIÉN dijo esto o hizo aquello?

2. QUÉ te ayuda a entender:
   ¿De QUÉ está hablando el autor?
   ¿CUÁLES son las principales cosas que suceden?

3. DÓNDE te ayuda a aprender:
   ¿DÓNDE ocurrió esto?
   ¿ADÓNDE fueron?
   ¿DÓNDE fue dicho esto?

   Cuando descubrimos un "dónde", subrayamos con doble línea verde el "dónde".

4. CUÁNDO nos dice sobre el tiempo y lo marcamos con un reloj verde como este:
   CUÁNDO hace preguntas como:
   ¿CUÁNDO ocurrió este evento? O ¿CUÁNDO sucederá?
   ¿CUÁNDO hicieron algo los principales personajes?

Nos ayuda a seguir el orden de los eventos, lo cual es muy importante para un arqueólogo.

5. POR QUÉ hace preguntas como:
   ¿POR QUÉ él dijo eso?
   ¿POR QUÉ ocurrió esto?
   ¿POR QUÉ ellos fueron ahí?

6. CÓMO te permite averiguar cosas como:
   ¿CÓMO se hizo esto?
   ¿CÓMO supo la gente que algo había sucedido?

Ahora que sabemos la importancia de hacer preguntas y pensar en las cosas, comencemos examinando el sitio. Ve a la página 138 de tu Registro de Observaciones de Génesis 1. Lee Génesis 1:1-5 y responde las preguntas a continuación.

Génesis 1:1 ¿QUIÉN creó los cielos y la tierra?

Génesis 1:1 ¿CUÁNDO fueron creados? (¿Pusiste un reloj sobre esto?)

_____

Génesis 1:2 ¿CÓMO fue descrita la tierra en el principio?

_____

Génesis 1:2 ¿QUÉ cubría la superficie del abismo?

_____

Génesis 1:2 ¿QUÉ estaba haciendo el Espíritu de Dios sobre la superficie de las aguas?

_____

Génesis 1:3 ¿CÓMO ingresó la luz al mundo?

_____

Génesis 1:4 ¿QUÉ vio Dios?

_____

Génesis 1:4 ¿QUÉ hizo Dios con la luz?

_____

Génesis 1:5 ¿QUÉ llamó Dios?

a. _____

b. _____

Génesis 1:5 ¿CUÁNTO tiempo duró esto? ¿QUÉ frase clave marcaste en este verso?

_____

Ahora ve a la página 44 y mantén un registro de tu trabajo de excavación, haciendo una lista de tus hallazgos y observaciones sobre los Días de Creación en tu diario. Haz una lista de QUÉ creó Dios en el Primer Día. Luego en tu Registro de Observaciones de la página 138 escribe "Primer Día" junto a Génesis 1:1-5. Si tienes una *Biblia de Estudio Inductivo*, querrás hacer esto justo en el margen de tu biblia en lugar de tu Registro de Observaciones.

Ahora lee Génesis 1:6-8 y haz las seis preguntas básicas.

Génesis 1:6 ¿QUÉ trajo Dios a existencia luego?

_____

Génesis 1:6-7 ¿CÓMO lo trajo a existencia?

_____

Génesis 1:6-7 ¿QUÉ separó la expansión?

_____

Génesis 1:8 ¿CÓMO llamó Dios a la expansión?

Génesis 1:8 ¿CUÁNTO tiempo duró esto? ¿QUÉ frase clave marcaste en este verso?

_____

Ahora ve a la página 44 y escribe lo que descubriste en el Segundo Día haciendo una lista de qué creó Dios en tu diario. Luego en tu Registro de Observaciones escribe "Segundo Día" junto a Génesis 1:6-8.

¡Hiciste un buen trabajo examinando la evidencia de hoy! Antes de que vayas a las duchas, no olvides practicar tu verso para memorizar.

DISTRIBUYENDO TAREAS

"Chispa, ¿dónde estás muchacho?" Gritó Max. "¡Chispa! ¡Chispa! ¡Regresa aquí!" Max continuó gritando el nombre de Chispa mientras Chispa se deslizó para detenerse justo enfrente de ti, nuestro novato arqueólogo en entrenamiento. Chispa ignoró a Max mientras saltaba para darte una buena lamida en la cara. "¡Basta, Chispa! Bájate, chico", dijo Max cuando por fin alcanzó a Chispa y lo tomó entre sus brazos.

Como podrás darte cuenta, Chispa está emocionado de que hayas regresado al sitio de excavación una vez más. El tío Jaime acaba de entregarnos nuestra tarea. Vamos a continuar examinando la evidencia en Génesis 1 hoy, haciendo las seis preguntas básicas y luego encontraremos las respuestas en una sopa de letras. Así que, arqueólogo novato, ¿has pasado tiempo con el "Jefe de Excavación" en esta mañana? ¡Qué bueno! Entonces empecemos yendo a nuestro Registro de Observaciones en las páginas 138-139 y leyendo Génesis 1:9-19.

Ahora examina los hechos e interroga el texto.

Génesis 1:9 ¿QUÉ hizo Dios luego?

a. _____ en un lugar las _____ que están debajo de los cielos.

b. Que aparezca lo _____

Génesis 1:10 ¿CÓMO llamó Dios a lo seco?

_____

Génesis 1:10 ¿CÓMO llamó Dios al conjunto de las aguas?

_____

Génesis 1:10 ¿QUÉ vio Dios?

_____

Génesis 1:11-12 ¿QUÉ le dijo Dios a la tierra que produjera?

_____ , _____ , _____

Génesis 1:12 ¿Cómo se iba a dar fruto y semilla? (Pista: es una frase clave del Primer Día).

_____

Génesis 1:12 ¿QUÉ vio Dios?

_____

Génesis 1:13 ¿CUÁNTO tiempo se tardó esto? ¿QUÉ frase clave marcaste en este verso?
"Y fue la _____ y fue la _____:
el _____ ".

Génesis 1:14 ¿QUÉ hizo Dios luego?
"Haya_____ en la_____ de los cielos".

Génesis 1:14-15. Dios da seis razones para las lumbreras. Haz una lista de esas seis razones.
a.   para _____ el _____ de la _____
b.   sean para _____
c.   para _____
d.   para _____y_____
e.   para _____
f.   sean por luminarias en la _____ de los cielos para _____ sobre la _____

Génesis 1:16 ¿CUÁNTAS lumbreras hizo Dios?
¿QUÉ son ellas?_____lumbreras.
a.   la lumbrera_____para dominio del día.
¿CUÁL es la lumbrera mayor que enseñorea nuestros días? El _____.

b.   la lumbrera_____para dominio de la noche. ¿CUÁL es la lumbrera que gobierna nuestras noches? La_____ .

¿QUÉ otras lumbreras hizo también Dios? Las _____

Génesis 1:18 ¿QUÉ vio Dios?

_____

Génesis 1:19 ¿CUÁNTO se tardó esto? ¿QUÉ frase clave
marcaste en este verso? "Y fue la_____ y
fue la_____ : el _____".

Ahora encierra las respuestas de cada espacio en blanco en la
sopa de letras a continuación. Si una frase va en un espacio en blanco,
entonces la frase se presentará en la sopa de letras de la siguiente
manera: erabueno. Si una respuesta tiene más de un espacio en
blanco, entonces necesitas encontrar cada palabra individual por
separado. Algunas respuestas pueden repetirse más de una vez, pero
solo necesitas encerrar cada respuesta una vez en la sopa de letras.

A	R	B	O	L	E	S	F	R	U	T	A	L	E	S
Ñ	H	V	U	M	A	R	E	S	A	J	F	D	N	O
O	G	N	T	A	R	D	E	A	T	U	N	C	O	L
S	A	S	E	Ñ	A	L	E	S	C	N	O	S	C	U
W	T	E	E	A	G	U	A	S	N	T	I	T	H	M
S	E	G	U	N	S	U	E	S	P	E	C	I	E	B
E	R	F	U	A	S	L	K	S	H	N	A	E	S	R
C	C	R	J	M	A	Y	O	R	G	S	T	R	T	E
O	E	F	K	M	L	D	D	S	F	E	E	R	A	R
O	R	V	L	P	L	A	N	T	A	S	G	A	C	A
I	D	I	A	S	E	P	A	R	A	R	E	U	I	S
U	I	C	U	A	R	T	O	D	I	A	V	D	O	Y
Y	A	M	N	B	T	C	E	R	A	B	U	E	N	O
E	X	P	A	N	S	I	O	N	X	Z	A	S	E	R
A	L	U	M	B	R	A	R	M	E	N	O	R	S	T
Y	E	S	T	R	E	L	L	A	S	T	W	E	R	M

Ahora vuelve a la página 44 y registra tus hallazgos haciendo una lista de qué creó Dios en el Tercer y Cuarto Día en tu diario.

Luego en tu Registro de Observaciones o en tu biblia escribe "Tercer Día"junto a Génesis 1:11-13 y escribe "Cuarto Día" junto a Génesis 1:14-19.

¡Qué buena investigación! Tu investigación realmente está dando resultados.

MÁS DESCUBRIMIENTOS

¡Buenos días! El supervisor de área ha decidido dividir algunos de los equipos hoy. Estamos casi listos para excavar y necesitamos asegurarnos que nuestras herramientas están en orden y que tenemos suficientes provisiones para la semana. Así que escucha cuidadosamente cuando el sr. William, nuestro supervisor de área, nos entregue nuestras tareas.

"De acuerdo, el Equipo #1 irá a la ciudad por provisiones, el Equipo #2 organizará y revisará las herramientas que necesitaremos y el Equipo #3 terminará de examinar el sitio de excavación, para que podamos completar nuestro registro diario de los Días de la Creación. Ahora oremos todos antes de empezar".

"¡Vaya, Max! Me alegro mucho que nos haya tocado estar en el Equipo #3. No puedo esperar para ver lo que Dios hará después".

"Yo tampoco, Silvia. Tomemos la correa de Chispa y nuestras cantimploras y vayamos al sitio".

Vuelve a las páginas 140-141 de tu Registro de Observaciones sobre Génesis 1 y lee Génesis 1:20-31, luego excava los hechos.

Génesis 1:20-21 ¿QUÉ creó Dios luego?

a. _____

b. _____

Génesis 1:21 ¿CÓMO fueron creados? (Pista: es una frase clave). _____ _____ _____

Génesis 1:21 ¿QUÉ vio Dios?

_____

Génesis 1:22 ¿QUÉ les hace Dios?

Los _____

Génesis 1:22 ¿QUÉ orden les da Dios?

_____

_____

Génesis 1:23 ¿CUÁNTO tiempo duró esto? ¿QUÉ frase clave marcaste en este verso?

_____

Génesis 1:24-25 ¿QUÉ creó Dios luego?

_____

Génesis 1:24-25 ¿CÓMO los hizo Dios?

Según _____ _____

Génesis 1:25 ¿QUÉ vio Dios?

_____

Génesis 1:26 ¿QUÉ creó Dios luego?

_____

Génesis 1:26-27 ¿CÓMO hizo Dios al hombre?
verso 26:

a. _____

verso 27: b. h _____ y m _____

Génesis 1:26 ¿QUÉ debía hacer el hombre?

_____

Génesis 1:28 ¿QUÉ les hace Dios?

Dios los _____ .

Génesis 1:28 ¿QUÉ les dijo Dios?

a. Sean _____ y _____ .

b. L _____ la _____ .

c. S _____ .

d. Ejerzan _____ sobre los peces del mar, sobre las aves del cielo y sobre todo ser viviente que se mueve sobre la tierra.

Génesis 1:29 ¿QUÉ les da Dios?

_____

Génesis 1:31 ¿QUÉ vio Dios?

_____

Génesis 1:31 ¿CUÁNTO tardó esto? ¿QUÉ frase clave marcaste en este verso?

_____

Ahora lee Génesis 2:1-3.

Génesis 2:1 ¿QUÉ dice este verso sobre los cielos y la tierra?

Estos fueron _____.

Génesis 2:2-3 ¿QUÉ hace Dios en el séptimo día?

a. _____

b. _____

c. _____

Ahora vuelve a la página 44 y registra QUÉ creó Dios en el Quinto Día y en el Sexto Día y QUÉ hizo Dios en el Séptimo Día en tu diario sobre los Días de la Creación.

Luego en tu Registro de Observaciones (o en tu biblia) escribe "Quinto Día" junto a Génesis 1:20-23 y escribe "Sexto Día" junto a Génesis 1:24-31. Luego junto a Génesis 2:1-3 escribe "Séptimo Día". Mirando tu registro diario:

• ¿Ves un diseño en la Creación de Dios?   ___ Sí ___ No

- ¿Creó Dios el mundo y las cosas en él de manera lógica?
  ___ Sí ___ No

- ¿Hay orden en la Creación de Dios? ___ Sí ___ No

¿No es asombroso ver que Dios es un Dios de lógica y orden? Dios no creó al hombre hasta que Él preparó la tierra para que el hombre viviera en ella. Las plantas no pueden crecer sin luz y agua, así que Dios no creó las plantas hasta después que Él hubo creado la luz y el agua. Los seres vivos, bestias y el hombre no fueron creados hasta que hubo un lugar para que ellos vivieran y hubiera alimento para que comieran. La Creación de Dios nos muestra a Dios como el Planeador Maestro y Diseñador que Él es. Él no es solo un Dios de amor y compasión, sino que Él es también un Dios de lógica y orden. Así que mientras te diriges de vuelta a la tienda, ¿por qué no le das gracias a Dios por esta asombrosa Creación que Él creó según Su plan perfecto?

VAMOS A EXCAVAR

"Max, date prisa. Ya casi es tiempo de irnos".

"Oh, Silvia, apenas hay luz afuera". Tenemos un rato antes que la excavación comience".

"Lo sé, Max, pero después de todo lo que vimos sobre Dios y Su creación, pensé que sería genial tener nuestro tiempo devocional y de oración afuera, mientras vemos el amanecer".

"Lo sé, Silvia. Es bastante asombroso. Oh cielos, aquí viene el tío Jaime ahora".

Cuando Jaime se acercó a los chicos, ellos tuvieron que alzar la mirada para ver el rostro de su alto tío. "Hola chicos, ¿están listos?

Hoy es el gran día. No más espera. La excavación está por comenzar. Y ya que ambos han trabajado tan duro, el equipo ha decidido que ustedes deberían excavar en el primer cuadrado".

"¡Qué bien! Max, ¿escuchaste eso?"

"Claro que sí. ¡Hagamos una carrera! Vamos, Chispa".

Mientras Silvia y Max corrían al sitio, ellos vieron al equipo reunirse. El tío Jaime se dirigió en medio del equipo y se quedó allí como un entrenador de básquet con su equipo.
"Oremos primero y pidamos a Dios que bendiga nuestros esfuerzos y nos mantenga a salvo".

Cuando el tío Jaime terminó de orar, él se volvió a Max.
"Max, toma las palas y estaremos listos para empezar". Cuando Max regresó con las palas, el tío Jaime terminó de dar sus instrucciones.
"Bien, muchachos, al excavar la primera capa de tierra, necesitamos poner la tierra en un balde. Luego vaciaremos los baldes de tierra en una carretilla y la echaremos en un lugar especial para poder examinarla después. Ahora ¡comencemos a excavar! Y recuerden: tengan cuidado con esas palas".

Ahora es tu turno de ayudar a Silvia y Max. Cuando estudiaste los días de la Creación, ¿notaste que la Creación de Dios no sucedió por sí sola? Hubo acción de parte de Dios en cada parte de la Creación. Así que mientras comienza nuestra excavación, queremos que excaves los cuadrados que hemos marcado en nuestra cuadrícula para encontrar los verbos que muestran que nuestro Dios es un Dios de acción. ¿Sabes qué es un verbo? Revisa el mapa sobre los verbos a continuación.

MAPA SOBRE VERBOS

¿Notaste que cada oración tiene un verbo? Un verbo es una palabra que usualmente muestra una acción. Pero un verbo también puede mostrar un estado de ser, puede ayudar a otro verbo y algunas veces un verbo puede conectar una palabra en el predicado con el sujeto en una oración.

Veamos un verbo de acción. Un verbo de acción indica qué está haciendo la persona o cosa en la oración, como "Chispa cava hoyos". *Cavar* es el verbo de acción en la oración porque muestra lo que Chispa hizo.

Ahora hagamos un poco de excavación por nuestra cuenta, al descubrir los 12 verbos de acción de nuestro Dios, revisando la cuadrícula a continuación. Para desenterrar los verbos, usa una pareja de letra y número debajo de cada espacio en blanco. Ve a la cuadrícula y encuentra la letra, como A en el lado derecho de la cuadrícula y luego ve hacia arriba hasta que encuentres el número que va junto con la A, como el 4. Encuentra la letra en el cuadrado que corresponde a A4 y escríbela en el espacio en blanco. Haz lo mismo para cada espacio en blanco hasta que hayas encontrado todos los 12 verbos de acción. Hemos hecho el primero para ti.

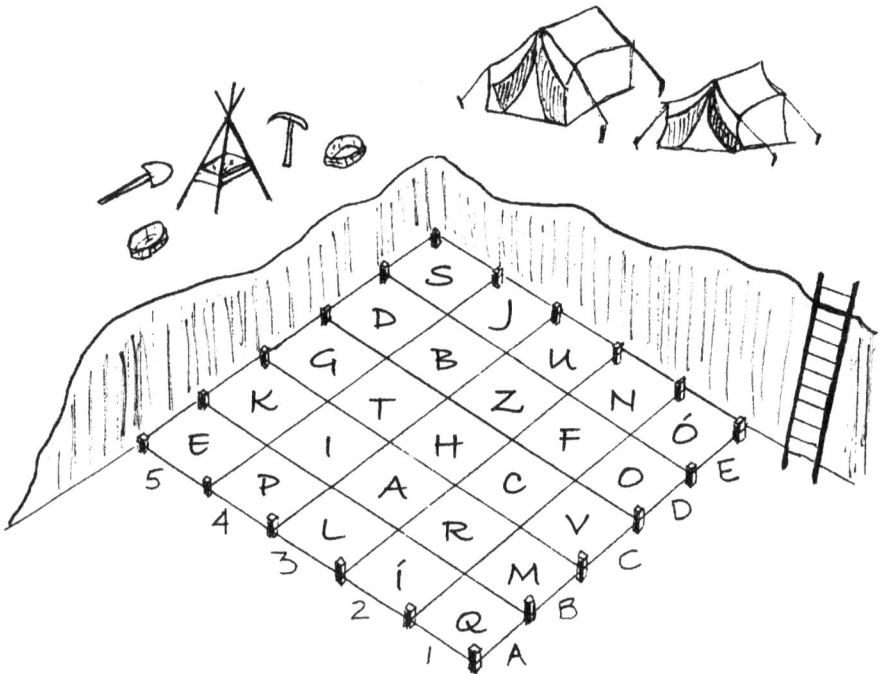

1. Dios _ _ _ _
   C2 B2 A5 E1

2. Dios _ _   _ _ _ _ _
   E5 A5   B1 D1 C1 A2 B3

3. Dios _ _ _ _
   D5 B4 E4 D1

4. Dios _ _ _
   C1 B4 D1

5. Dios _ _ _ _ _ _
E5 A5 A4 B3 B2 E1

6. Dios _ _ _ _ _
A3 A3 B3 B1 E1

7. Dios _ _ _ _
C3 B4 D3 D1

8. Dios _ _ _   _ _ _ _
A3 B3 E5   A4 E3 E5 D1

9. Dios _ _ _ _ _ _ _
D4 A5 E2 D5 B4 E4 D1

10. Dios _ _ _ _ _   _ _ _ _ _ _ _ _ _
C3 B3 D4 A2 B3   C2 D1 B1 A4 A3 A5 C4 B3 D5 D1

11. Dios _ _ _ _ _ _
B2 A5 A4 D1 E5 E1

12. Dios _ _ _ _ _ _ _ _ _
E5 B3 E2 C4 B4 D2 B4 C2 E1

Una vez que hayas excavado los cuadrados, vuelve a tu Registro de Observaciones en las páginas 138-141 sobre Génesis 1:1-2:3 y marca estos 12 verbos de acción de manera especial en tu cuaderno de trabajo coloreándolos, encerrándolos o subrayándolos. Solo asegúrate de marcar cada verbo de manera diferente o con un color distinto para que resalte en tu Registro de Observaciones.

La siguiente semana examinaremos más de cerca estos verbos que muestran lo que Dios hizo en cada día de la Creación. Ahora siéntate y tómate una bebida helada. Esa fue una excavación bastante dura que hiciste hoy, pero antes que te pongas muy cómodo, encuentra a un adulto o a un amigo y dile tu verso para memorizar. ¡Qué buena manera de mostrarle a otras personas quién creó los cielos y la tierra!

Registro Diario de los Días de la Creación

Primer Día	Cuarto Día
Segundo Día	Quinto Día
Tercer Día	Sexto Día
Séptimo Día	

3

PALAS, PICOS Y CEPILLOS

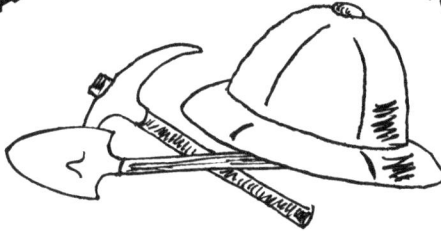

GÉNESIS 1

"Oye, Silvia, mira aquí en la A4".

"¿De qué se trata, Max? ¿Qué ves?"

"Parecen algunos fragmentos, ya sabes, pequeñas piezas de alfarería y están mezcladas con esta capa de tierra".

"¡Qué increíble, Max, nuestro primer hallazgo! Usemos las paletas para desenterrar estos fragmentos con delicadeza".

"Y necesitamos marcar nuestra cuadrícula mostrando la ubicación exacta de nuestro hallazgo".

"Eso es correcto. Llamaré al supervisor de la A4 para que ella pueda anotar esto en el registro de excavación. Luego estaremos listos para examinar nuestro hallazgo".

PRIMER DÍA

UN PEQUEÑO HALLAZGO

De acuerdo, arqueólogo novato, examinemos nuestro hallazgo más detenidamente, los verbos de acción que desenterramos la semana pasada. Examinarlos nos dará un entendimiento más claro de lo que la Biblia quiere decir.

Una manera de examinar nuestros verbos es hacer un estudio de palabras de ellos. Un estudio de palabras es donde buscas la palabra en el idioma original en el que fue escrito. ¿Sabías que el Antiguo Testamento (donde se encuentra Génesis) fue escrito principalmente en hebreo con algo de arameo? Así que si queremos estar seguros que entendemos lo que la palabra *creó* (uno de nuestros verbos de acción) significa en Génesis 1:1, deberíamos hacer un estudio de palabras haciendo una búsqueda de la palabra "creó" en una concordancia como la *Concordancia Exhaustiva de la Biblia* o *Estudio de Palabras Completo del Antiguo Testamento* de Zodhiates y encontrar qué significa la palabra *creó* en el idioma hebreo, así como Silvia y Max lo han hecho en sus notas de campo.

Si quisieras aprender cómo hacer un estudio de palabras por ti mismo, Silvia y Max pueden mostrarte cómo hacerlo en el libro de *Cómo Estudiar Tu Biblia para Niños*. Si tienes una copia de este libro y si tu mamá, papá o profesor tiene una *Concordancia Exhaustiva de la Biblia* o *Estudio de Palabras Completo del Antiguo Testamento* de Zodhiates, podrías hacer un intento y encontrar estas palabras por ti mismo.

Pero solo en caso que no quieras, Silvia y Max quieren que veas lo que ellos han descubierto. Echa un vistazo a sus notas de campo a continuación, para ver qué encontraron en el estudio de palabras que ellos hicieron sobre nuestros verbos de acción: creó, se movía, dijo, vio, separó, llamó, hizo, puso, bendijo, completó, reposó y santificó. Estos son los 12 verbos de acción que muestran lo QUE Dios hizo.

NOTAS DE CAMPO

Creó: *bara* significa "creado de la nada". Esto da evidencia que Dios hizo los cielos y la tierra de la nada. ¡Vaya! ¿Alguna vez has visto a alguien hacer algo de la nada?

Se movía: *rakjáf* significa "flotar, moverse, vibrar".

Dijo: *amar* significa "decir o hablar".

Vio: *raá* significa "ver o examinar".

Separó: badal significa "dividir o hacer distinción".

Llamó: qara' significa "llamar o clamar".

Hizo: 'asah significa "fabricar, diseñar, armar, construir".

Puso: natán significa "establecer, entregar, guindar, colocar, exponer, poner algo en un lugar o fijar algo en un lugar".

Completó: kalah significa "cumplir, llevar un proceso a una conclusión, a una finalización, terminado".

Reposó: shabat significa "cesar, parar de, descansar, dejar, concluir".

Bendijo: Barak significa "alabar, elogiar, arrodillarse, inclinarse".

Santificó: qadash puede significar "santo, consagrado, ser apartado, ser limpio o hacer limpio".

Ahora haz un poco de excavación por tu cuenta. Ve a tu Registro de Observaciones en la página 138 y examina más de cerca cómo se usan estos verbos. Estos deberían ser fáciles de identificar porque marcaste a cada uno de una manera especial la semana pasada.

¿Cuántas veces ves que "Dios creó"?_____ veces.

Escribe las cosas que Dios creó de la nada
Génesis 1:1 _____

Génesis 1:21 _____

_____

Génesis 1:27_____

Viendo lo que "se movía" en Génesis 1:2, ¿QUIÉN se estaba moviendo (flotando, vibrando) sobre la superficie de las aguas?

_____

¿CUÁNTAS veces ves que "Dios dijo"? ___ veces.

Busca y lee Salmos 33:6. ¿CÓMO fueron hechos los cielos?

_____

¿QUÉ llamó Dios a existencia?

Génesis 1:3 _____

Génesis 1:6 _____

Génesis 1:9 _____

Génesis 1:11 _____

Génesis 1:14 _____

Génesis 1:20 _____

Génesis 1:24 _____

Génesis 1:26 _____

¿CUÁL es la frase clave que vemos en el verso 9 que nos da el resultado de Dios hablando? _____

Ahora ¿puedes tú hablar y lograr que suceda?
_____ Sí _____ No

Busca y lee Hebreos 11:3.

a. ¿CÓMO entendemos que el universo fue preparado?

Por la _____

b. ¿CÓMO fue preparado el universo?

Por la _____ de _____

Al ver el significado de las palabras *creó* y *dijo*, vemos cuán poderoso es Dios. Él puede hacer algo de la nada. Él habla y llega a suceder. La Palabra de Dios tiene poder. Es por Su Palabra que el universo fue preparado y es por la fe que lo creemos. Debemos confiar en Dios por Su palabra y creer lo que Él dice.

¿Ves lo importante que es estudiar y conocer la Palabra de Dios? _____ Sí _____ No

¿Pones en práctica lo que la Palabra de Dios dice? ¿Obedeces a Dios? _____ Sí _____ No

Ahora que has visto lo que Dios llamó a existencia, mira otros dos versos en Génesis donde vemos a Dios diciéndole algo al hombre.

Génesis 1:28 ¿QUÉ le dice Dios al hombre?

_____

_____

Génesis 1:29 ¿QUÉ le dice Dios al hombre aquí?

_____

¿No es impresionante ver a Dios tanto bendiciendo como proveyendo para las necesidades del hombre?

¿CUÁNTAS veces ves la frase "Dios vio"?
_____ veces.

En base a lo que significa *vio* en el hebreo, ¿qué vio o inspeccionó Dios? Toda su
c _ _ _ _ _ _.

¿CUÁL es la frase clave en estos versos que nos dice QUÉ pensó Dios sobre Su creación?

_____ _____ _____ _____

¿Hizo Dios algo malo? ____Sí ____ No

¿Cometió Dios algún error?____ Sí ____ No

¡Eso te incluye a ti! Así que no te quejes sobre quién eres, lo que tienes o por cómo te ves. ¡Recuerda que Dios te creó y vio que era bueno!

Bueno, el sol se está poniendo y está empezando a ponerse frío aquí afuera, así que será mejor que terminemos esto mañana. Pero antes que tomes tu chaqueta y te dirijas a la tienda comedor, Silvia y Max necesitan un poco de ayuda con los fragmentos de la cerámica que descubrieron hoy. Ayúdalos a quitar la tierra con los cepillos. Luego examina las piezas rotas y mira si puedes averiguar cómo encajan juntas para hacer una sola pieza de cerámica. Hemos rotulado cada pieza con una palabra. Así que mientras averiguas

cómo deberían encajar juntas, mira la figura de todo el jarrón. Trata de averiguar cómo encajarían las piezas rotas en todo el jarrón. Escribe la palabra del fragmento que combina con la pieza dentro del jarrón completo. Luego ponlas en orden en los espacios en blanco a continuación. Hemos hecho el primero para ti.

Dios _____ _____ _____ _____ _____

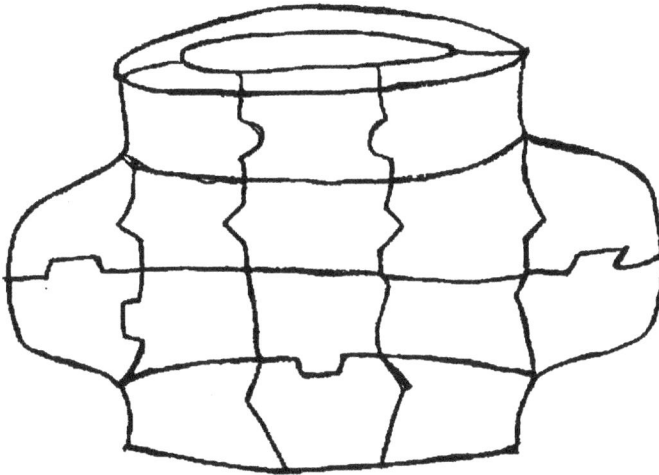

_____; y ____ _____ __ _____ _____. Y fue __ _____

y fue __ _____: el _____ __ .

Génesis 1:____

¡Vaya hallazgo! Has descubierto tu verso para memorizar de la semana. No olvides escribirlo en una tarjeta y repetirlo en voz alta tres veces seguidas, tres veces al día. Recuerda: ¡"3x3"!

DE VUELTA AL HOYO

Al caer el sol ayer, estábamos examinando nuestros 12 verbos de acción y sus significados hebreos. Hoy, al volver al hoyo, retomaremos donde dejamos, al ir a nuestro Registro de Observaciones en la página 138 de Génesis 1. Resuelve el crucigrama examinando nuestros verbos de acción.

Mira donde marcaste "Dios separó".

¿QUÉ dos cosas separó Dios (dividió o hizo distinción)?

1. (Horizontal) Génesis 1:4 _____ de las tinieblas
2. (Vertical) Génesis 1:7 _____ debajo de la expansión de las _____ que estaban sobre la expansión
   ¿CUÁNTAS veces ves que "Dios llamó"? _____ veces.
   ¿QUÉ llamó Dios?
3. (Vertical) Génesis 1:5 Dios llamó a la luz _____ y a las
4. (Vertical) tinieblas llamó _____.
5. (Horizontal) Génesis 1:8 Dios llamó a la expansión _____.
6. (Horizontal) Génesis 1:10 Dios llamó a lo seco _____ .
   ¿CUÁNTAS veces ves que "Dios hizo"? _____ veces.

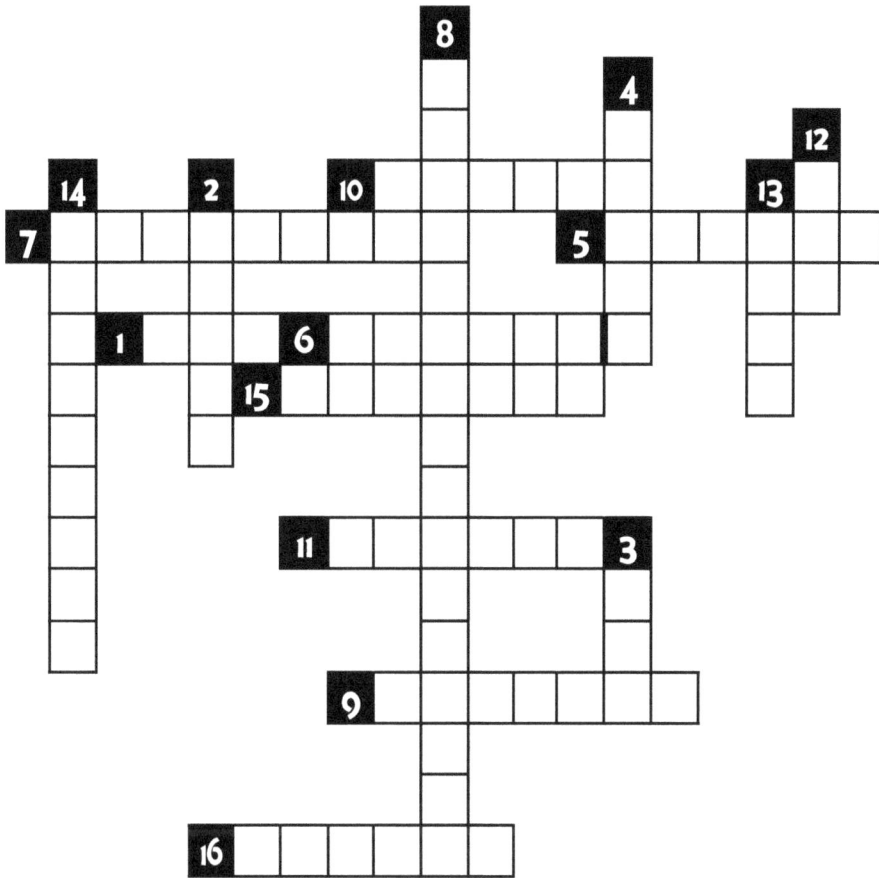

¿Qué hizo Dios (construyó, armó o diseñó)?

7. (Horizontal) Génesis 1:7 _____
8. (Vertical) Génesis 1:16 dos _____ _____
9. (Horizontal) Génesis 1:25 las _____ de la tierra
10. (Horizontal) el _____ y todo lo que se arrastra sobre la tierra.
11. (Horizontal) Génesis 1:26 _____
   ¿Qué puso Dios (guindó o colocó en su lugar)?
12. (Vertical)_____

13. (Vertical) _____
14. (Vertical) _____
    Ahora mira Génesis 2:1-3 en la página 141.
    ¿Qué completó Dios (culminó, llevó a un fin, terminó)?
15. (Horizontal) los cielos y la tierra y todas sus _____
    Génesis 2:2 ¿Qué hizo Dios cuando Él completó Su
    creación?
16. (Horizontal) Él _____ de toda la obra que había
    hecho.
    ¿Por qué? ¿Qué significa esa palabra? (Mira tus notas de
    campo en las páginas 46-47).

    _____

    ¿Estaba Dios cansado? _____ Sí _____ No

No. Dios no se cansa como nosotros. Esta palabra quiere decir que
Él paró lo que estaba haciendo. Él había terminado con Su obra, así
que Él cesó Su obra e hizo dos cosas en el séptimo día.

    ¿CUÁLES son esos dos últimos verbos? _____
    y _____

Entonces luego de que Dios había terminado, Él bendijo lo que
había hecho e hizo santo el séptimo día. Él lo santificó (lo separó) de
los otros seis días.
    ¿No estás maravillado de ver CÓMO Dios creó este mundo? Mira
todo lo que Dios hizo en cada día.

    ¿Tenemos que adivinar cómo sucedió o nos dice Dios qué hizo
    con claridad?

    _____

No tenemos que adivinar o preguntarnos pues nuestro Dios, el
Maestro Diseñador, un Dios de lógica y orden, nos dice exactamente
cómo Él llevó todo a existencia. Todo lo que tenemos que hacer es leer
Su Palabra. ¡Asombroso! Ahora ¿qué necesitas hacer antes de salir del
hoyo? ¡Así es!, practicar tu verso. ¡Tú también eres asombroso!

EXCAVANDO MÁS PROFUNDO

"Oye, Max, será mejor que recojas a Chispa. Parece que enloqueció un poco".

"¡Chispa, para! Sé que te encanta cavar, pero debemos hacerlo despacio y gentilmente para asegurarnos de no pernderos de nada ni de destruir un hallazgo".

¿Estás listo para profundizar en nuestro estudio? ¿Has o _ _ _ _? Entonces toma un pico para profundizar nuestra investigación hoy para ver si Dios creó los cielos y la tierra Él mismo. Lee Génesis 1:26-27 en tu Registro de Observaciones en la página 140.

Viendo Génesis 1:26, ¿QUIÉN es el "nuestra"? ¿Tienes alguna pista? Veamos qué podemos descubrir al examinar cuál es la palabra hebrea para *Dios* en Génesis 1:1 y 1:26-27.

Para encontrar la palabra hebrea para Dios, resuelve el siguiente acertijo. Mira los objetos en el lado izquierdo de la columna. Ahora pon la primera letra de ese objeto en el cuadro correcto de la derecha al seguir el camino desde el objeto hasta la casilla correcta. Luego lee la columna en la derecha de arriba hacia abajo para descubrir la palabra hebrea para *Dios* en Génesis 1:1 y 1:26-27.

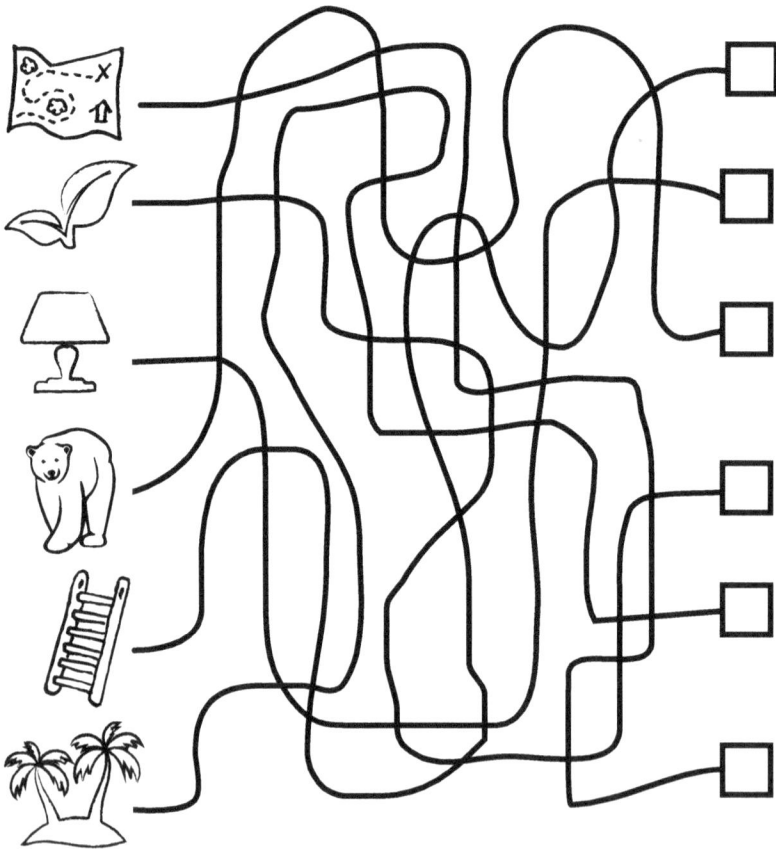

Ahora escribe esta palabra hebrea aquí: _____

¿Qué significa esta palabra? Esta palabra designa a Dios como Dios. Significa "temer" o "reverenciar". La primera parte de la

palabra, *El*, significa "fuerte o poderoso". Es la palabra que usamos
para referirnos al Dios Todopoderoso. La terminación *im* es muy
importante porque es una terminación plural. *Elohim* es la palabra
para Dios como Creador en Génesis 1:1. Ya que tiene una terminación
plural, ¿significa esto que hay más de una persona que tiene los
atributos (cualidades) que hacen que Dios sea Dios y sea diferente
del hombre? Solo hay un Dios quien es uno en carácter y atributos.
Pero Dios es también tres Personas distintas: Dios el Padre, Dios el
Hijo y Dios el Espíritu Santo. Ya que hemos descubierto que *Elohim*
es la palabra hebrea usada para Dios en Génesis 1:1 y que tiene una
terminación plural, ¿podría esto significar que Dios el Padre, Dios el
Hijo (Jesucristo) y Dios el Espíritu Santo tuvieron cada uno una parte
en la Creación? ¿CÓMO lo descubrimos?

Primero veamos Génesis 1:2. ¿QUIÉN se movía sobre la
superficie de las aguas?

_____

Ahora hagamos unas referencias cruzadas. Busca y lee Juan
1:1-3, 14.

Juan 1:1 ¿QUIÉN era en el principio? _____

Juan 1:1 ¿QUIÉN era el Verbo? _____

Hagamos una lista de lo que vemos sobre el Verbo en Juan 1:1:

a. El Verbo estaba en el _____ .

b. El Verbo _____ _____ Dios.

c. El Verbo era _____ .

Mmm. ¿No es eso interesante? El Verbo no era solo Dios, sino
que el Verbo estaba con Dios.

Entonces ¿CUÁNTOS dicen ser Dios? _____

¿Qué crees que esto significa? ¿Podría ser que el Verbo no solo era Dios, sino alguien más también? Vamos a descubrirlo.

Juan 1:2 ¿QUIÉN estaba en el principio con Dios? _____

¿QUIÉN este "Él"? Lee Juan 1:14. ¿QUIÉN se hizo carne y habitó entre nosotros, QUIÉN es el unigénito del Padre y QUIÉN es el Hijo de Dios?

_____

Busca y lee Juan 10:30. ¿QUÉ dice Jesús sobre sí mismo y del Padre?

_____

Ahora vuelve a Juan 1:3. ¿CÓMO llegaron todas las cosas a existencia?

_____

¿Y QUIÉN descubrimos que era este "Él"?

_____

Busca y lee Hebreos 1:2. ¿Mediante QUIÉN fue hecho el universo?

_____

Busca y lee Colosenses 1:13-17. ¿QUIÉN es el "Él" en estos versos?

_____

Ahora lee 1 Corintios 8:6.

¿QUÉ vemos acerca de Dios? _____

_____

¿QUÉ vemos acerca de Jesús? _____

_____

Entonces al ver todos estos versos, vemos que Dios, Jesús y el Espíritu Santo tuvieron cada uno una parte en la Creación. Ahora regresa a Génesis 1:26-27. ¿Sabes de QUIÉN se trata el "Nuestra"? Nombra el "Nuestra".

_____

¿No es asombroso descubrir por ti mismo que Dios, Jesús y el Espíritu Santo tuvieron cada uno una parte en crear al hombre y que el hombre fue creado CÓMO?

_____

Tú fuiste creado a la imagen de Dios, ¡Asombroso!

¿No te alegra haber profundizado un poco en la Palabra de Dios?

El Salmo 7:17 dice: "Daré gracias al SEÑOR conforme a Su justicia y cantaré alabanzas al nombre del SEÑOR, el Altísimo".

Al salir fuera del hoyo en este día, alaba a Dios por quién Él es: ¡nuestro Creador y poderoso, asombroso Dios!

LEYENDO LAS CAPAS

¿Adivina qué? Hoy tenemos la oportunidad de ayudar al tío Jaime y Ana, nuestra científica de suelos, en leer las capas de la tierra. ¿No suena eso divertido? Y mientras lo hacemos, necesitamos investigar otra capa en Génesis 1 que tiene algo que ver con el tiempo. ¿Qué pregunta de las seis preguntas básicas lidia con el tiempo? CUÁNDO. ¡Eso es correcto! Entonces hoy al empezar a probar nuestra tierra, echemos otro vistazo al CUÁNDO en Génesis 1. Vuelve a tu Registro de Observaciones en la página 138 y lee Génesis 1:1. O mejor aún, dilo en voz alta como práctica pues ya has memorizado este verso.

Entonces ¿CUÁNDO creó Dios los cielos y la tierra?

_____

¿CUÁNDO fue el principio? ¿Y QUÉ tan vieja es la tierra? ¿Sabías que muchos científicos y libros dicen que la tierra tiene billones de años de edad? ¿Está eso de acuerdo con lo que la Biblia dice? Y si otros no se alinean con lo que la Biblia dice, ¿a QUIÉN le vas a creer, a Dios o al hombre? ¿DÓNDE pondrás tu fe?

Así que tomemos el primer paso para encontrar nuestras respuestas. Veamos Génesis 1:1-2:3 y veamos qué tiene la Biblia que decir.

¿CUÁNTO tiempo le tomó a Dios crear la tierra?

_____

¿CUÁNTO dura un día? Cuando hablamos de un día, queremos decir el tiempo que la tierra se demora para girar una vez sobre su propio eje, el cual es un periodo de 24 horas. ¿Es eso lo que Dios quiso decir cuando Él usó la palabra _día_ en Génesis? Vamos a descubrirlo.

La palabra hebrea para *día* en Génesis es *yom*, la cual tiene varios significados. Esta puede significar un periodo de luz contrastado con uno de tinieblas, un periodo de 24 horas, un tiempo indefinido o un punto en el tiempo. ¿Cómo sabes cuál significado usar? Examinando el contexto del pasaje de la Escritura. ¿Recuerdas qué es el contexto? El contexto es donde vemos los versos que rodean el pasaje de las Escrituras que estamos estudiando, como los versos previos y los versos posteriores. Luego pensamos sobre cómo el pasaje encaja en el capítulo y luego sobre cómo encaja en toda la Biblia.

Así que examinemos Génesis 1 de cerca para ver qué descubrimos sobre la palabra *día* al ver el contexto del pasaje.

Ahora ¿DÓNDE es el primer lugar en que vemos mencionarse la palabra *día* en Génesis 1? ¿QUÉ verso?_____

En la primera parte del verso 5 vemos que Dios llama a la luz de una manera. ¿CÓMO le llama? _____

_____

¿A qué significado correspondería este *día*? Encierra la respuesta que pienses que es correcta.

a. un periodo de tiempo de 24 horas

b. un tiempo de luz contrastado con uno de tinieblas

En la segunda parte de este mismo verso vemos nuestra frase clave "*Y fue la tarde y fue la mañana: un día*". Esta frase se repite cinco veces más (en Génesis 1:8, 13, 19, 23 y 31).

¿QUÉ crees que significa día en estos versos? Encierra la respuesta que creas correcta.

a. un periodo de tiempo de 24 horas

b. un tiempo de luz contrastado con uno de tinieblas

c. una cantidad de tiempo no definida

¿POR QUÉ escogiste esta respuesta?

_____

_____

_____

En Génesis 2:2 ¿QUÉ hizo Dios en el séptimo día?

_____

Ahora comparemos Escritura con Escritura. Busca y lee Éxodo 20:1-3 para ponerte en contexto de lo que estaba ocurriendo.

En estos versos vemos a Dios hablando con Moisés, dándole la Ley. Ahora lee Éxodo 20:8-11.

Éxodo 20:9 ¿CUÁNTO tiempo debían trabajar los hijos de Israel?

_____

Éxodo 20:10 ¿QUÉ debían hacer los hijos de Israel en el séptimo día?

_____

Éxodo 20:11 De QUÉ evento debían los hijos de Israel seguir el patrón para sus días?

_____

¿Suena esto a nuestras semanas? ¿CUÁNTOS días tienen nuestras semanas?

_____

¿Tenemos un día de reposo en que debamos honrar a Dios?
_____ Sí _____ No

Ya que Dios dijo a los hijos de Israel que siguieran sus semanas como los días de la Creación, ¿crees, considerando el contexto, contexto que Dios creó la tierra en seis días de 24 horas de duración?
_____ Sí _____ No

¿POR QUÉ sí o POR QUÉ no? _____

_____

_____

Busca y lee el salmo 33:6-9.

Salmos 33:9. Viendo este verso, ¿pareciera que le tomó un tiempo a la Creación para que ocurriera o sucedió inmediatamente cuando Dios habló?

_____

Ahora como ejemplo, veamos a un rey terrenal. Cuando un rey terrenal decretaba una orden, ¿era obedecida?
_____ Sí _____ No

¿Qué tan rápido era obedecida? ¿En cualquier rato? ¿Inmediatamente? (Encierra la respuesta correcta).

La respuesta es *inmediatamente*, ¿no es cierto? ¡Pues si alguien no seguía las órdenes de su rey inmediatamente, le podrían cortar la cabeza! Eso muestra cuánto poder tenía un rey terrenal. Si un rey terrenal tuvo ese tipo de poder, imagina cuánto poder tiene nuestro Dios, el Rey del universo.

¿Hay alguna razón para creer que en el momento en que Dios habló, no hubiera ocurrido inmediatamente? ¡Por supuesto que no! Nuestro Dios es Dios Todopoderoso, ¡y NADA es muy difícil para Él!

Ahora viendo el contexto de estos versos, hemos descubierto por nosotros mismo de qué manera Dios usó la palabra *día*. Sabemos que *día* es usada en la primera parte del verso 5 como un tiempo de luz y no de tinieblas. Y en la segunda parte del verso 5, junto con los versos 8, 13, 19, 23 y 31, vemos que *día* es un periodo de 24 horas. ¿No es asombroso ser capaz de entender la Biblia por ti mismo para que nadie te desvíe de ella?

Ahora que sabemos cuánto tiempo le tomó a Dios crear la tierra (esto es, si le vamos a creer a la Biblia), mañana veremos si podemos descubrir realmente cuán vieja es la tierra.

¡Hiciste un gran trabajo leyendo las diferentes capas de nuestro suelo! Así que tómate una pausa y saca a Chispa a pasear. Ah y no te olvides de practicar tu verso. Nos vemos en la mañana.

¡UN GRAN HALLAZGO!

"¡Silvia, ven acá! Mira, ¿qué es eso?"

"No lo sé, Max. Llamemos al tío Jaime o al sr. William para que lo revisen antes de hacer cualquier cosa".

"Oye, tío Jaime, creo que hallamos algo. ¿Podrías venir a revisarlo?"

"Claro, Max. Déjame llamar al sr. William y estaremos allí en un momento".

"Bien, chicos. ¿Qué sucede?"

"Mira, tío Jaime. ¿Qué crees que es?"

"Mmm, no estoy muy seguro, Max, pero necesitamos ser muy cuidadosos al usar un pequeño pico y cepillarlo para revelarlo. Parece ser parte de un hueso. Podría ser un esqueleto. Así que dejémoslo *in-situ*, es decir, dejémoslo en su sitio original, tal cual lo hallamos. Sr.

William, llame a María para que venga aquí y tome unas fotografías.
¡Buen trabajo, chicos!"

¿No es eso emocionante? Puede que Silvia y Max hayan
descubierto algo realmente grande. Ahora es tu turno. Una de las
preguntas más grandes jamás hecha es: "¿Cuál es la edad de la
tierra?" Hay todo tipo de libros, artículos de revistas y científicos
investigando para encontrar la respuesta a esta pregunta muy
importante. Y debido a que sabes dónde ir para encontrar la verdad
(la Biblia), tienes el mapa perfecto para desenterrar la respuesta a
una de las preguntas más grandes que se ha hecho. Así que, ¿estás
listo para hacer historia con el hallazgo más importante del mundo?
Entonces toma el pico y el cepillo y revelemos la verdad.

Silvia y Max han hecho una línea cronológica en la página 69
para ayudarnos a ver cuánto tiempo ha pasado desde que Dios creó
la tierra. Sabemos de lo que hemos estudiado que Dios, Jesús y el

Espíritu Santo eran antes del principio, en la eternidad y aquel tiempo no comenzó hasta Génesis 1:1, "en el principio". Aquí es donde Dios creó el tiempo.

Después que Dios crea el tiempo, Él crea los cielos (espacio) y la tierra (materia). Dios es quien originó el tiempo, espacio y materia, el mismísimo principio del universo.

Como ya hemos visto que el tiempo comienza con la creación de los cielos y la tierra, Silvia y Max han colocado a la Creación como el primer evento en nuestra cronología en el año 0.

Ahora para descubrir la edad de la tierra, necesitamos trazar lo que ocurrió desde la Creación hasta hoy. Empecemos con la creación del hombre (Adán) en el sexto día y rastreemos todas las generaciones de Adán. ¿Recuerdas haber leído las generaciones de Adán en Génesis 5? Ve a la página 151 y lee Génesis 5:1-3.

Génesis 5:3 ¿CUÁNTOS años tenía Adán cuando nació Set?

Ahora mira el cuadro a continuación. Pusimos la edad de Adán cuando él se convirtió en padre de Set en la última columna. Ahora lee cada verso enlistado en tu cuadro. Completa la edad de cada padre cuando tuvo a su hijo que aparece en una lista en la tercera columna.

Verso	Padre	Hijo	Edad del Padre
Génesis 5:3	Adán	Set	130
Génesis 5:6	Set	Enós	
Génesis 5:9	Enós	Cainán	
Génesis 5:12	Cainán	Mahalaleel	
Génesis 5:15	Mahalaleel	Jared	
Génesis 5:18	Jared	Enoc	
Génesis 5:21	Enoc	Matusalén	
Génesis 5:25	Matusalén	Lamec	
Génesis 5:28	Lamec	Noé	
Génesis 5:32	Noé	Sem, Cam, Jafet	
Génesis 11:10	Sem	Arfaxad	
		Total	

Después que hayas hecho la lista de todas las edades, súmalas y coloca el total de años en la última columna a lado de la palabra *total*.

Lee Génesis 11:10. ¿Cuántos años pasaron después del diluvio cuando Sem tuvo a Arfaxad? _ años después del diluvio.

Ahora toma el número total de años en tu cuadro y colócalo en el primer espacio en blanco a continuación. A lado pon cuántos años pasaron tras el diluvio cuando Sem tuvo a Arfaxad en el segundo espacio en blanco y sustráelo para obtener el número de años desde la Creación (Adán) hasta el diluvio.

_____ (total de años) - _____ (años después del diluvio cuando Sem tuvo a Arfaxad) = _____ años desde la Creación hasta el diluvio.

Ve a tu cronología en la página 69 y coloca tu respuesta en el espacio en blanco debajo de "El Diluvio" en tu cronología.

Ahora mira el segundo cuadro debajo y lee cada verso en la lista. Completa las edades así como lo hiciste en el primer cuadro. Este cuadro te lleva desde Arfaxad hasta Abram (el nombre de Abram fue cambiado luego por Dios a Abraham—Génesis 17:5).

Verso	Padre	Hijo	Edad del Padre
Génesis 11:12	Arfaxad	Sala	
Génesis 11:14	Sala	Heber	
Génesis 11:16	Heber	Peleg	
Génesis 11:18	Peleg	Reu	
Génesis 11:20	Reu	Serug	
Génesis 11:22	Serug	Nacor	
Génesis 11:24	Nacor	Taré	
Génesis 11:26	Taré	Abram, Nacor, Harán	
		Total	

Ahora suma el número de años y ponlo en tu columna de Total en el cuadro. Luego toma este número y colócalo en tu cronología en la página 69 en el espacio en blanco bajo el nombre de Abraham. Esto cubre el periodo de tiempo desde el diluvio hasta Abraham.

Busca y lee Mateo 1:17. Completa el cuadro a continuación leyendo Mateo 1:17 y poniendo cuántas generaciones pasaron desde Abraham a David. Haz lo mismo para las generaciones desde David hasta la deportación a Babilonia y desde la deportación a Babilonia hasta el Mesías (Jesucristo). Sumemos cuántas generaciones fueron desde Abraham hasta el Mesías (Jesús), poniendo el número total de generaciones en el cuadro.

Verso	Eventos	Número de Generaciones
Mateo 1:17	Abraham hasta David	
	David hasta la deportación a Babilonia	
	Deportación a Babilonia hasta el Mesías	
	Total	

Entonces ¿cuánto tiempo crees que podría durar una generación? Una generación es un tiempo promedio entre el nacimiento de los padres y el nacimiento de sus hijos. Así que una generación estaba probablemente entre los 30 y 50 años. La Biblia no nos dice exactamente cuánto dura una generación, así que tenemos que hacer un estimado (hacer un supuesto) sobre cuánto creemos que sería una generación.

Digamos que una generación está alrededor de los 30 años. Toma el número de generaciones que acabaste de agregar a tu cuadro y multiplícalo por 30. De esta manera:

_____(número total de generaciones) x 30 (número total de años en una generación) = _____ años

Ahora trata de hacer una generación alrededor de 50 años. Toma el número de generaciones que acabaste de agregar a tu cuadro y multiplícala por 50.

_____(número total de generaciones) x 50 (número total de años en una generación) = _____ años

Esto te muestra aproximadamente el número de años desde Abraham hasta el Mesías. *Aproximadamente* significa "casi exacto, próximo a". Esto significa que este número de años está muy cerca al número correcto de años desde Abraham al Mesías (Jesús), pero no es el número exacto de años. No sabemos el número exacto de años porque no conocemos exactamente cuánto duró realmente una generación. Así que toma los dos resultados que obtuviste al sacer una generación de 30 años y de 50 años y coloca cada uno de estos resultados en tu línea cronológica en los espacios en blanco debajo de "Jesús". Pon la respuesta para 30 años en el espacio en blanco A y la respuesta para 50 años en el espacio en blanco B. Este es el número aproximado de años desde Abraham hasta Jesús.

Mirando nuestra línea cronológica, vemos que solo hay un espacio en blanco restante y ese es el espacio de "Ahora", el cual es el año en que estás viviendo justo ahora. El calendario que usamos hoy está basado aproximadamente en el tiempo del nacimiento de Jesús: 4 a.C. Así que podemos colocar el año en el que estamos viviendo ahora (por ejemplo, 2001) en nuestra cronología en el espacio en blanco debajo de "Ahora".

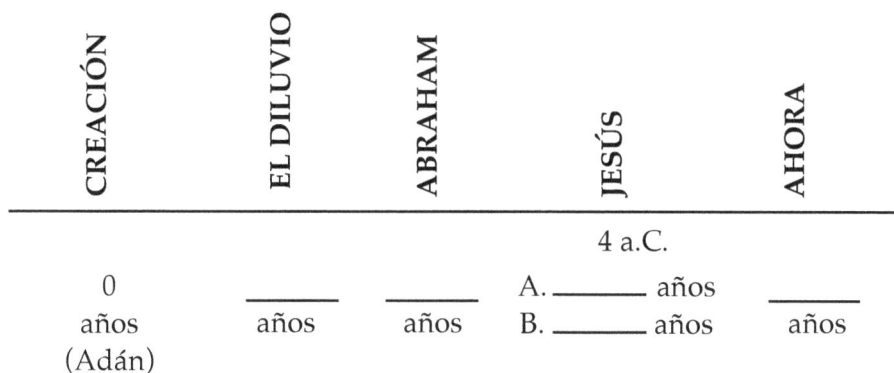

CREACIÓN	EL DILUVIO	ABRAHAM	JESÚS	AHORA
			4 a.C.	
0	_____	_____	A. _____ años	_____
años	años	años	B. _____ años	años
(Adán)				

Ahora, para descubrir la edad de la tierra, mira tu línea cronológica y suma todos los años que escribiste en los espacios desde la Creación hasta ahora. Cuando llegues al espacio para Jesús, usa el número de años en el espacio en blanco A, debajo de "Jesús" en tu línea cronológica.

El principio del tiempo, 0 años, Creación (Adán) + _____ años del Diluvio + _____ años de Abraham + A. _____ años de Jesús + _____ años de Ahora = _____ años, la edad aproximada de la tierra.

Ahora haz esto una vez más usando el número en el espacio en blanco B debajo de "Jesús" en la línea cronológica.

El principio del tiempo, 0 años, Creación (Adán) +
_____ años del Diluvio + _____ años de Abraham + B. _____ años de Jesús +
años de Ahora = _____ años, la edad aproximada de la tierra.

¿CUÁL es el rango del número total de años de la tierra? Coloca el número menor de años que sumaste en el primer espacio en blanco y el número total mayor de años en el segundo espacio en blanco.

Desde _____ años hasta _____ años

La razón por la que hicimos un rango en el número total de años es porque tuvimos que hacer un estimado (hacer un cálculo) de cuánto tiempo dura una generación. Pero aunque no sabemos exactamente cuántos años tiene la tierra, podemos acercarnos mucho, mirando lo que dice la Biblia.

¿Tiene la tierra billones de años de edad? ____ Sí ____ No
¿Y qué de millones de años? ____ Sí ____ No
Pero los libros y algunos científicos dicen que la tierra tiene billones o millones de años de edad. ¿Están equivocados? ¿CÓMO lo sabes?

_____

Entonces ¿a QUIÉN le vas a creer: a Dios, nuestro Creador o al hombre a quien Dios creó y quien es limitado en su conocimiento y experiencia?

_____

    ¡Vaya! ¡Lo hiciste! ¡Acabaste de hacer el mayor descubrimiento en toda la historia! La tierra no tiene millones o billones de años de edad. ¡Solo tiene miles de años de edad! Estamos muy orgullosos de todo tu trabajo duro en esta semana. Continuaste excavando y mira lo que has descubierto, ¡un gran hallazgo! Ahora comparte las noticias. ¡Muéstrale a alguien este asombroso descubrimiento!

4
EXTRAYENDO LA EVIDENCIA

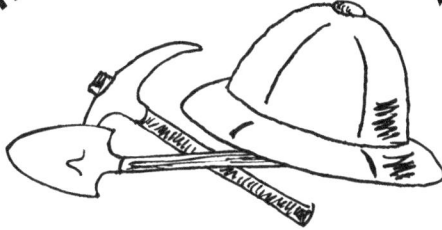

GÉNESIS 1

Silvia y Max están muy emocionados por su descubrimiento de la semana pasada. Mientras continuamos con nuestra excavación, el tío Jaime consulta con una antropóloga física llamada la Dr. Mejía. Entonces ¿qué es un antropólogo físico? Es alguien que estudia las características físicas de los seres humanos. Un antropólogo físico identifica los restos humanos, que usualmente son sus huesos.

Hoy la Dr. Mejía necesita confirmar cuál es el hallazgo de Max al examinar y extraer la evidencia. Nosotros continuaremos extrayendo evidencia sobre cómo Dios creó la tierra. Empecemos. El equipo nos está esperando para que podamos pasar tiempo con el "Jefe de Excavación". Luego ¡de vuelta al trabajo!

PRIMER DÍA

IDENTIFICANDO CADA CAPA

Para poder identificar cada día de la Creación con mayor detalle, necesitamos examinar una capa a la vez. Al desenterrar cada capa, necesitamos ayudar a nuestro artista a dibujar estas capas para que podamos registrar nuestro hallazgo.

Así que comencemos con la lectura de la primera parte de Génesis 1:2:

> La tierra estaba sin orden y vacía y las tinieblas cubrían la superficie del abismo.

¿QUÉ significa que estaba "sin orden y vacía"? Revisa las notas de campo de Silvia y Max a continuación:

NOTAS DE CAMPO

La palabra hebrea para "sin orden" es *tóju*, la cual significa "dejar desolado, una desolación, desierto, sin forma".

La palabra hebrea para "vacía" es *bojú*, que significa "estar vacío o desocupado, vacante".

Entonces ¿eso significa que la tierra era una completa desolación? No. Solo quiere decir que Dios no le había dado forma. La tierra estaba vacía porque Él no había puesto nada en ella todavía. Como hemos visto al examinar Génesis 1, Dios pasa los primeros cuatro días de la Creación dándoles forma a la tierra y el cielo y luego la puebla.

¿Entonces CÓMO crees que la tierra pudo haber sido al ver la descripción en Génesis 1:2?

_____

Encuentra otra pista de cómo era el mundo al buscar y leer 2 Pedro 3:5.

¿CÓMO crees que era la tierra en base a este verso?

_____

¿Tiene forma el agua? ____ Sí ____ No

Para que veas por ti mismo, vierte agua en recipientes de distintas formas. ¿Mantiene el agua la misma forma en cada recipiente o cambia su forma dependiendo de la forma del recipiente?

_____

Ahora dibuja una ilustración en el cuadro de abajo para mostrar cómo se veía la tierra cuando estaba sin orden y vacía y las tinieblas cubrían la superficie del abismo.

Mira la siguiente capa al leer la segunda parte de

Génesis 1:2:

Y el Espíritu de Dios se movía sobre la superficie de las aguas.

¿Recuerdas nuestra palabra hebrea para "se movía"? Regresa y mira qué significa de nuevo, en las notas de campo de Silvia y Max en la página 46. Luego dibuja el Espíritu de Dios (podrías dibujar una paloma o el símbolo que usamos cuando **marcamos** el Espíritu Santo como palabra clave, de esta manera: **Espíritu Santo** coloreado de amarillo y con el contorno morado). Muestra al Espíritu de Dios flotando, moviéndose y vibrando sobre la superficie de las aguas.

Ya hemos visto que Dios creó el tiempo, espacio y la materia. Ahora esta vibración del Espíritu Santo podría ser el comienzo de la energía en nuestro universo, ya que la vibración en sí misma es energía.

(espacio en blanco)

Lee Génesis 1:3:

"Entonces dijo Dios: 'Sea la luz.' Y hubo luz".

Antes que dibujes esta luz, lee Génesis 1:14-18 en tu Registro de Observaciones en la página 139. ¿Qué crea Dios en el cuarto día?

S _____, l _____ y las e _____ .

Ya que Dios no crea el sol, la luna y las estrellas hasta el Cuarto Día, ¿QUÉ es esta luz en el Primer Día?

Busca y lee Apocalipsis 21:1-2, 23-25.

El contexto de este verso es cuando Dios crea los cielos nuevos y la tierra nueva, después que Jesús regresa por segunda vez.

¿Necesita la ciudad (la Nueva Jerusalén) de sol o luna que la alumbren? ____ Sí ____ No

¿POR QUÉ sí o POR QUÉ no? _____

_____

Entonces ¿de dónde viene la luz en el Primer Día?

Así es, viene de Dios porque Dios es la fuente de luz. Ahora dibuja una ilustración de Génesis 1:3: "Entonces dijo Dios: 'Sea la luz.' Y hubo luz".

Ahora dibuja Génesis 1:4: "Dios vio que la luz era buena; y Dios separó la luz de las tinieblas".

¡Hiciste un gran trabajo dibujando todas las distintas capas en el primer día de la Creación! Ahora antes que retes a una carrera de vuelta al campamento a Silvia y Max, practica tus habilidades matemáticas para desenterrar el verso para memorizar de esta semana. Los arqueólogos necesitan buenas habilidades matemáticas para ayudarlos a medir su sitio de excavación, para saber la anchura y profundidad al excavar y para asegurarse que sus registros son precisos.

Así que afila esas habilidades matemáticas. Desentierra tu verso bíblico mirando las pistas bajo los espacios en blanco que están en tu tarjeta de investigación a continuación. Cada espacio en blanco tiene un problema matemático debajo de él. Resuelve cada problema y halla la respuesta en tu tarjeta de investigación. Escribe la letra que corresponde a la respuesta correcta en tu tarjeta en los espacios en blanco. Por ejemplo, si el problema matemático es 5x7, mira tu tarjeta de investigación y encuentra el número 35, que es la respuesta correcta al problema matemático de 5x7. Luego escribe la letra que corresponde al 35, la cual es la letra T, en el espacio en blanco debajo del cual se encuentra 5x7.

TARJETA DE INVESTIGACIÓN

A=6	B=8	C=10	D=12	E=14	F=16	G=18
H=9	I=15	J=21	K=24	L=27	M=20	N=28
Ñ=26	O=36	P=44	Q=48	R=25	S=30	T=35
U=40	V=45	W=50	X=55	Y=60	Z=49	

___ ___ ___ ___　　___ ___　　___ ___
7x2 5x6 7x5 20-6　　10+4 10x3　　25-11 9x3

___ ___ ___　　___ ___ ___　　___ ___
3x4 5x3 3x2　　12x4 25+15 8+6　　5+9 35-8

___ ___ ___ ___ ___　　___ ___　　___ ___ ___ ___ ___ ,
22+8 7+7 13x2 6x6 5x5　　3x3 2+4　　18-9 3+11 7+3 2+7 12x3

___ ___ ___ ___ ___ ___ ___ ___ ___ ___ ___ ___ ___
19+6 21-7 9x2 29+7 21-11 9+6 7x3 22-8 5x4 41-5 14x2 10+26 18+12

___　　___ ___ ___ ___ ___ ___ ___ ___ ___ ___ ___
10x6　　1+5 18+9 25-11 3x6 31-6 7+7 41-21 4x9 36-8 27+9 15x2

___ ___　　___ ___
2+12 23+5　　29-15 32-5

　　　　　　　　　　　　　　　　　　　　118:24
___ ___ ___ ___ ___ ___
15+15 8-2 3x9 4x5 6x6 10x3

¡Corramos ahora! ¡El primero en llegar al campamento gana el primer malvavisco!

DibujaNDo NuESTRO HaLLaZgo

"¡Mmmmmm! ¡Esos malvaviscos sí que estaban deliciosos anoche!"

"¡A mí también me gustaron, Max!" Me alegra mucho que el tío Jaime nos haya invitado a esta excavación. Jamás me di cuenta de cuántos detalles había en la Creación de Dios, hasta que empezamos a descubrirlos una capa a la vez. No puedo esperar para revelar la siguiente capa".

¿Qué hay de ti? ¿Estás listo para tomar esos lápices de colores y libretas de dibujo y comenzar a bosquejar el Segundo Día? ¡Qué bien! Entonces vamos a nuestro Registro de Observaciones en las páginas 138-139 y leamos Génesis 1:6-20. Marca cada lugar donde encuentres la palabra clave *expansión* en tu Registro de Observaciones, coloreándola de azul y dibujando un círculo morado a su alrededor, de esta manera: (expansión) (recuerda prestar atención a los pronombres).

Génesis 1:6 ¿DÓNDE está la expansión?

_____

Génesis 1:6-7 ¿QUÉ separa la expansión?

_____

Génesis 1:8 ¿CÓMO le llama Dios a la expansión?

_____

Ahora dibuja Génesis 1:6-7:

Entonces dijo Dios: "Haya expansión (firmamento) en medio de las aguas y separe las aguas de las aguas." Dios hizo la expansión (el firmamento) y separó las aguas que estaban debajo de la expansión de las aguas que estaban sobre la expansión. Y así fue.

"Y Dios llamó a la expansión cielos. Y fue la tarde y fue la mañana: el segundo día".

¡Te estás convirtiendo en un excelente artista! No olvides tu verso de memoria. Nos vemos mañana.

¡MÁS EXCAVACIÓN!

"¡Hola chicos! ¿Cómo les va?"

"Genial, tío Jaime. No hay duda de por qué te encanta ser un arqueólogo".

"Pensé en pasar por aquí y trabajar con ustedes en la siguiente capa. Por cierto, ¿dónde está Chispa? No lo he visto últimamente".

"Él está por allá tomando una siesta. Creo que tanta excavación lo ha dejado agotado".

"Bueno, vamos a trabajar mientras Chispa continúa durmiendo".

Ve a la página 138 de tu Registro de Observaciones de Génesis 1. Necesitamos que desentierres algunas palabras clave. Lee Génesis 1 y marca las siguientes palabras clave:

aguas   seco   (tierra seca)

mares (coloréala de azul)   tierra   (coloréala de café)

semilla (coloréala de verde)

Ahora saca tus notas de campo y haz una lista, registrando lo que aprendas sobre cada una de estas palabras clave, junto con la frase que marcaste en la Segunda Semana: *según su especie*.

NOTAS DE CAMPO

Aguas:

Génesis 1:2 El _____ de _____ se movía sobre la superficie de las aguas.

Génesis 1:6-7 Haya _____ en medio de las aguas y _____ las aguas de las aguas.

Génesis 1:9 _____ en _____ _____ las aguas que están debajo de los _____ .

Génesis 1:10 Al conjunto de las aguas llamó _____ .

Génesis 1:20 _____ las aguas de _____ de . _____ _____

Génesis 1:22 _____ las aguas en los mares.

Mares:

Génesis 1:10 Dios…al _____ de las _____ llamó "mares."

Seco:

Génesis 1:9 Entonces dijo Dios: "Júntense en un lugar las aguas…y que _____ ____ _____.

Génesis 1:10 Dios llamó a lo seco _____.

Tierra:

Génesis 1:1 Dios creó la _____.

Génesis 1:2 La tierra estaba _____ _____ y
_____ .

Génesis 1:11 Produzca la tierra _____:
_____ que den semilla, y _____ _____
según su especie.

Génesis 1:20 _____ las _____sobre
la tierra.

Génesis 1:22 _____ las _____ en la
tierra.

Génesis 1:24 Produzca la tierra:
a. _____ _____ según su especie
b. _____
c. _____
d. _____ de la tierra según su especie

Génesis 1:26 el _____ ejerza dominio sobre toda la
tierra

Génesis 1:28 Sean _____ y _____ .
_____ la tierra y _____ .

Semilla:

Génesis 1:11-12 La tierra produjo _____ :
_____ que den semilla y _____ _____
que den su _____con su semilla, _____
_____ _____ .

Según su especie:

Génesis 1:11-12 Dios hizo _____ _____
que dan su _____ según su especie.

Génesis 1:12 Dios hizo _____ que dan
_____ según su especie.

Génesis 1:21 Dios creó los grandes _____
_____ y _____ _____
_____ que se mueve, de los cuales, según su especie,
están llenas las _____ y toda _____
según su especie.

Génesis 1:24-25 Dios hizo_____vivientes según su
especie:_____ , _____ y_____
de la _____según su especie.

¡Qué buena excavación! Mañana usaremos nuestras notas de campo al hacer nuestros dibujos para el tercer día de la Creación. Ahora al dirigirte a la tienda comedor, practica tu verso para memorizar con Silvia y Max. ¿Por qué no se lo cantas al Señor?

NUEVOS BOSQUEJOS

¡Hora de empezar a trabajar! Ha llegado otro día, así que iremos de vuelta a la libreta de bosquejos una vez más. Al prepararnos para dibujar nuestro hallazgo, mira Génesis 1:9-10:

Entonces dijo Dios: "Júntense en un lugar las aguas que están debajo de los cielos y que aparezca lo seco." Y así fue. Dios llamó a lo seco "tierra," y al conjunto de las aguas llamó "mares." Y Dios vio que era bueno.

¿Se encuentran todos los mares que tenemos hoy en un lugar o hay muchos mares diferentes en muchos lugares diferentes?

_____

Hoy tenemos muchos mares en muchos lugares, pero cuando Dios creó la tierra, estos estaban todos en un solo lugar. ¿Sabías eso antes que estudiaras Génesis? Encontraremos más sobre esto en Génesis, Parte Dos. Pero ¿recuerdas un evento principal que comienza en Génesis 7 que pudo haber cambiado la tierra? Escríbelo: el _____

Ahora dibuja Génesis 1:9-10 en el cuadro.

¿Alguna vez has ido a la playa y has observado la marea acercarse y alejarse? ¿Quién sino Dios pudo haber orquestado los maravillosos mares y el cambio de las mareas?

Lee Génesis 1:12 en la siguiente página y dibújalo: "Y produjo la tierra vegetación: hierbas que dan semilla según su especie y árboles que dan su fruto con semilla, según su especie. Y Dios vio que era bueno".

¿No es eso asombroso? Por qué no sales a caminar en tu patio, vecindario o en un parque y miras todos los diferentes árboles, flores y plantas que Dios hizo y experimentas la creación de Dios por ti mismo.

Pídele a tu mamá o a un adulto que te obsequie unas semillas de flores. Plántalas en un maceta con tierra, dales algo de agua y colócalas junto a una ventana donde haya luz del sol. Luego mira las semillas brotar verdes tallos de la tierra, crecer y finalmente florecer.

O puedes pedir una planta de tomate para que no solo lo veas crecer y florecer, sino también para que puedas recoger el fruto del tomate maduro y jugoso de la planta de Dios. Qué perfecto ejemplo para el orden de la Creación de Dios. Dios no creó las plantas hasta que Él creó la luz que las plantas necesitan para crecer y la tierra para que puedan crecer en ella. Él también produjo las plantas con sus semillas para que más plantas pudieran crecer. ¿No es nuestro Dios un Dios asombroso?

REVELANDO OTRA CAPA

"¡Oye Silvia! ¿Adivina qué? Ya que este es nuestro último día de trabajo de la semana, el tío Jaime nos llevará al pueblo en la tarde".

"¡Hurra! ¡No puedo esperar! Pero vaya, nuestro verano sí que pasa rápido.

"Seguro que sí, ¡pero qué aventura! Mira todo lo que hemos aprendido hasta ahora. ¡Hemos hecho algunos grandes descubrimientos!"

"¡Veamos qué descubrimos ahora! Vamos, Chispa. Oh no, ¿dónde está Chispa?"

"Ahí está por la tienda olfateando pistas. ¡Mejor nos apuramos!" Únete a Silvia y a Max mientras Chispa nos guía a nuestra siguiente aventura en el Cuarto Día de la Creación de Dios. Chispa ha olfateado las pistas que necesitamos. Así que mantén tus ojos abiertos para descubrir el propósito de Dios para este día de la Creación. Para seguir la primera pista de Chispa, lee Génesis 1:14-19 en la página 139. Marca la palabra clave *lumbreras* en tu Registro de Observaciones, coloreándola de amarillo, junto con cualquier pronombre y sinónimo que le corresponda.

¿Recuerdas por qué Dios creó estas lumbreras cuando las vimos en la Segunda Semana? Hagamos una lista de las seis razones que Dios nos da para las lumbreras:

1. _____

2. _____

3. _____

4. _____

5. _____

6. _____

¿CUÁL es el nombre de la lumbrera mayor que domina el día?

_____

¿CUÁL es la lumbrera menor que domina la noche?

_____

¿CUÁLES son las otras lumbreras que Él también hizo?

_____

¿DÓNDE están estas luces?

_____

¿CÓMO llegaron a estar ahí?

_____

¿Acaso puedes ver a Dios colocando a cada estrella en su lugar exacto? ¿CUÁNTAS estrellas crees que hay?

_____

Dios puso a cada una donde Él quiso ponerlas. ¿No es eso asombroso?

Lee el salmo 19:1. ¿Para QUÉ sirven los cielos?

_____

Lee el salmo 147:4. ¿QUÉ hace Dios?

_____

Vemos que Dios creó todas las maravillas en los cielos, que cuentan de Su gloria.

¿Alguna vez deberíamos revisar nuestros horóscopos, consultar con psíquicos o estudiar las estrellas para obtener dirección para nuestras vidas? Veamos qué dice la Biblia sobre esto. Busca y lee Deuteronomio 4:19.

¿QUÉ advertencia ofrece Dios en este verso?

_____

Lee Deuteronomio 17:2-7.
¿QUÉ sucedía con la persona que adoraba y servía al sol, la luna, las estrellas y las huestes celestiales?

_____

Dios tuvo un propósito al crear las lumbreras, pero no era para que el hombre las adorara y las sirviera. No debemos adorar lo que Dios ha creado. Solo debemos adorar a nuestro Creador. La creación de Dios debía contar de Su gloria para dirigirnos hacia Él, el Creador, quien es el Único digno de nuestra adoración y alabanza.

Así que ten cuidado y cuídate de esas cosas que desvían tu atención de Dios, como leer horóscopos o llamar a psíquicos por ayuda. Recuerda las consecuencias de Deuteronomio 17:5. Debemos buscar a Dios, no a Su creación, para obtener dirección para nuestras vidas.

Ahora lee Génesis 1:14-18 de nuevo y dibuja esta maravillosa creación.

Entonces dijo Dios: "Haya lumbreras en la
expansión de los cielos para separar el día de la noche
y sean para señales y para estaciones y para días
y para años; y sean por luminarias en la expansión de
los cielos para alumbrar sobre la tierra." Y así fue. Dios
hizo las dos grandes lumbreras, la lumbrera mayor
para dominio del día y la lumbrera menor para

dominio de la noche. Hizo también las estrellas. Dios
las puso en la expansión de los cielos para alumbrar
sobre la tierra, y para dominar el día y la noche
y para separar la luz de las tinieblas. Y Dios vio
que era bueno.

"Y fue la tarde y fue la mañana: el cuarto día".

Ahora ve a caminar afuera. ¿Está asoleado? Mira cuán cálido y
brillante es afuera cuando el sol está brillando. ¿Alguna vez has visto
al sol ocultarse tras las nubes y notado la diferencia en la calidez y
brillo cuando el sol está oculto tras las nubes y luego cómo cambia
una vez que las nubes se despejan?

Este día cuando oscurezca, ve afuera y mira la luna y las estrellas.
Dios nombró a cada una de esas estrellas. ¿Puedes contar cuántas
hay? Si tienes un telescopio, echa un vistazo más cercano a la luna
y las estrellas. Si hay un planetario o un observatorio donde vives,
pídele a tu mamá o a tu papá si pueden llevarte para visitarlo alguna
vez. ¡O puedes ir a una librería y comprar un libro con imágenes a
color que te den un vistazo más detallado de la asombrosa creación de
Dios!

Pero ya sea que salgas a caminar, leas un libro o visites un planetario, recuerda por qué Dios creó estas lumbreras: para separar el día de la noche, para alumbrar sobre la tierra, para señales para las estaciones, días y años ¡y para señales que nos muestren la gloria de Dios! ¡Así que agradécele a Dios por estas maravillosas lumbreras que nos muestran qué tan asombroso es Él!

Ahora ¿aprendiste tu verso para memorizar de esta semana? Cántalo a todo volumen, luego dirígete hacia el Jeep. El tío Jaime llevará a Max, Silvia y Chispa a la ciudad por más provisiones y helado para celebrar un trabajo bien hecho.

5

CONTINUANDO NUESTRA EXPEDICIÓN

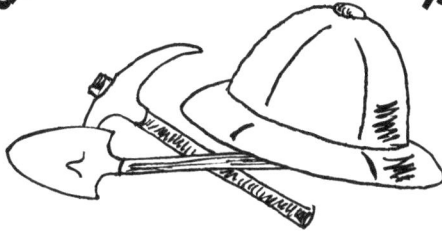

GÉNESIS 1

¡Ese fue un gran viaje a la ciudad! Pero ahora es tiempo de volver al trabajo. Ben (nuestro artista de la excavación) necesita que terminemos los dibujos de los días de la creación en esta semana. Estos dibujos nos han ayudado realmente a ver todos los detalles en cada día de la Creación. ¿Qué hay de ti? Ahora sabemos por qué una excavación arqueológica tiene a un artista. Es para que los arqueólogos puedan capturar los detalles de cada hallazgo al descubrirlo. Así que empecemos. Reunámonos con los equipos de excavación para orar y luego nos dirigiremos de vuelta a Génesis 1.

DIBUJANDO LA SIGUIENTE CAPA

Vamos a nuestro Registro de Observaciones en las páginas 139-140 y leamos Génesis 1:20-22. Antes de hacer nuestro dibujo, veamos qué tiene Dios que decir sobre este quinto día de la Creación.

¿QUÉ crea Dios en las aguas?

_____

¿CÓMO son creados? ¿Cuál es la frase clave?

_____

¿QUÉ crea Dios en la abierta expansión de los cielos y CÓMO son creados?

_____

¿QUÉ les dijo Dios cuando Él los bendijo?

_____

Busca y lee 1 Corintios 15:38-39.

¿Es toda la carne la misma? _____ Sí _____ No

    ¿Sabes qué quiere decir Dios con la frase clave *según su especie*? Esto significa que Dios hizo a cada planta, criatura marina y ave capaz de hacer más plantas, criaturas marinas y aves así como ellos mismos. ¿Alguna vez has visto a un ave con un pez por bebé? ¡Claro que no! Dios hizo a las aves con los genes necesarios para tener más aves, no peces.

    Puede que hayas aprendido sobre estos genes en la escuela. Los genes están compuestos de moléculas de ADN. ¿QUÉ es el ADN? Echa un vistazo a las notas de campo de Silvia y Max.

ácidó DesoXirribonucléico

¿Sabías que todo ser vivo, incluyendo las plantas, los animales y los seres humanos, está formado por células?

Existe un promedio de 75 trillones de células en el cuerpo de un ser humano promedio. Y cada célula tiene tanto como 200 trillones de grupos de átomos llamados moléculas protéicas.

La molécula más grande en una célula en la molécula de ADN, que son las siglas para ácido desoxirribonucléico.

¿Por qué es importante el ADN? Porque el ADN es la razón por la que todos los seres vivos solo pueden reproducirse según su especie. Las moléculas de ADN llevan toda la información necesaria para procrear plantas, animales o seres humanos. Y todos los seres vivos obtienen su ADN de sus padres.

El ADN no determina solamente si un ser vivo es una planta, un animal o un ser humano. También determina si eres un chico o una chica, el color de tus ojos, el color de tu piel, tu estatura y contextura y cualquier otra característica física que viene de tus padres.

El ADN nunca cambia, incluso en la división de una célula.

Así que al examinar el ADN, podemos ver que nuestro Dios es un Maestro Diseñador. Solo Dios tiene la inteligencia para crear algo tan complejo como el ADN, lo cual hace que cada ser vivo sea capaz de reproducirse según su especie. Ya sea que es una planta, una criatura marina o un ave, los padres dan su ADN a sus crías. El ADN hace que sea imposible que un ave le dé los genes a su cría para que sea un pez, ya que no lleva los genes para ser un pez. Solo puede pasar los genes para hacer otra ave.

Ahora lee Génesis 1:21-23 y dibújalo.

> Y Dios creó los grandes monstruos marinos y todo ser viviente que se mueve, de los cuales, según su especie, están llenas las aguas y toda ave según su especie. Y

Dios vio que era bueno. Dios los bendijo, diciendo:
"Sean fecundos y multiplíquense y llenen las aguas en
los mares y multiplíquense las aves en la tierra."

Y fue la tarde y fue la mañana: el quinto día.

Examinar más de cerca la creación de Dios de las criaturas marinas
será un poco más difícil ya que no puedes simplemente salir a tu patio
y mirarlos, a menos que vivas en el océano. Pero puedes visitar un
acuario si hay uno en tu ciudad. O si no tienes un acuario, podrías
obtener un libro de la librería y leer sobre todas las diferentes zonas
oceánicas y cómo Dios hizo a cada criatura marina para que fuera
adecuada a la zona en la que vive, según cómo Él hizo su cuerpo,
cómo encuentra su alimento y cómo se protege a sí mismo de sus
enemigos.

Las aves serán mucho más fáciles de observar. Haz un comedero
de aves. Coge una piña y cúbrela con mantequilla de maní y báñala
de alpiste. Pega un trozo de hilo o de cordel en la parte superior y
déjala colgar afuera cerca de una ventana para que puedas observar
a las aves mientras comen. O construye una pajarera sencilla y mira a
las aves hacerse un nido, poner sus huevos y tener sus crías (pero no
esperes que tengan peces bebés). Existen muchas maneras diferentes
de observar la creación de Dios en acción.

Ahora antes que nos dirijamos a la tienda comedor, necesitamos desenterrar nuestro verso para memorizar de la semana. Encuentra el camino correcto en el laberinto, al seguir las flechas que te llevan a todas las palabras en el verso.

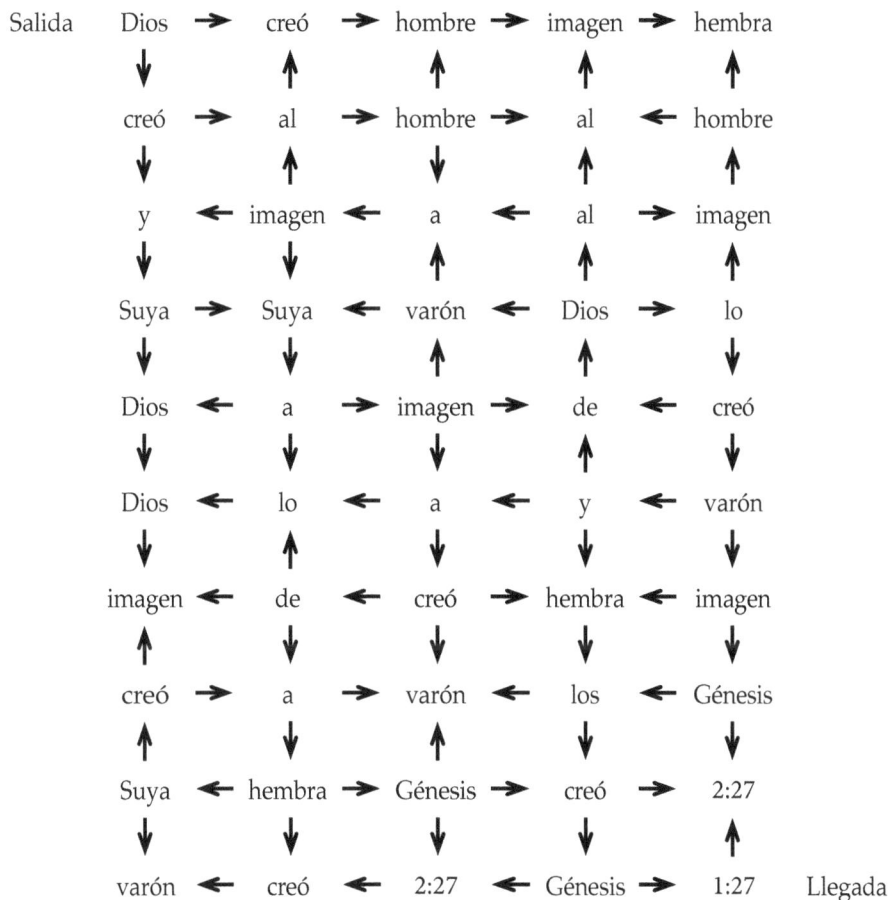

Salida	Dios →	creó →	hombre →	imagen →	hembra
	↓	↑	↑	↑	↑
	creó →	al →	hombre →	al ←	hombre
	↓	↑	↓	↑	↑
	y ←	imagen ←	a ←	al →	imagen
	↓	↓	↑	↑	↑
	Suya →	Suya ←	varón ←	Dios →	lo
	↓	↓	↑	↑	↓
	Dios ←	a →	imagen →	de ←	creó
	↓	↓	↓	↑	↓
	Dios ←	lo ←	a ←	y ←	varón
	↓	↑	↓	↓	↓
	imagen ←	de ←	creó →	hembra ←	imagen
	↑	↓	↓	↓	↓
	creó →	a →	varón ←	los ←	Génesis
	↑	↓	↑	↓	↓
	Suya ←	hembra →	Génesis →	creó →	2:27
	↓	↓	↓	↓	↑
	varón ←	creó ←	2:27 ←	Génesis →	1:27 Llegada

¡Escribe este verso en una tarjeta y practícalo diciéndolo en voz alta tres veces seguidas, tres veces al día!

BUSCANDO PISTAS

"Hola, chicos", dijo el tío Jaime al acercarse a Silvia y Max. "Vi sus dibujos del quinto día de la Creación. Me encantaron esas criaturas marinas y aves. ¿En qué están trabajando hoy?"

"En nada todavía", dijo Silvia. "Necesitamos desenterrar información primero".

Así que empecemos. Lee Génesis 1:24-26 en la página 140 de tu Registro de Observaciones.

Entonces dijo Dios: "Produzca la tierra seres vivientes según su especie: ganados, reptiles y animales de la tierra según su especie." Y así fue. Dios hizo las bestias de la tierra según su especie y el ganado según su especie y todo lo que se arrastra sobre la tierra según su especie. Y Dios vio que era bueno.

¿QUÉ crea Dios y CÓMO?

_____

Dibuja esta creación.

Ahora escoge una manera de observar la creación de Dios en acción. Visita un zoológico y mira todos los diferentes animales que Dios ha creado. O ve afuera y mira los animales que se arrastran como un gusano, una oruga o un caracol. Acaricia a un perro o un gato. ¿No es asombroso cómo Dios hizo animales que fueran adecuados para sus ambientes particulares (como los osos polares que tienen un pelaje lindo, grueso y blanco para mantenerlos abrigados y ayudarles a armonizar con sus alrededores)?

Ahora vamos a la fogata. El tío Jaime nos dejará comer salchichas asadas esta noche. Antes de comenzar a asar esas salchichas, necesitamos hacer una cosa más. ¿Puedes adivinar qué es? Así es, necesitamos practicar nuestro verso para memorizar. ¡Así que empecemos! ¡Esas salchichas huelen bastante bien!

LOS BOCETOS FINALES

"Oye, Silvia, ¿crees que todos los arqueólogos comen salchichas asadas y malvaviscos en una excavación?"

"No lo creo, Max. Creo que el tío Jaime planeó estas comidas solo por nosotros".

"¿No es genial cómo el tío Jaime hace que todo sea especial para nosotros? Él nos cuida muy bien. Mira cómo provee todo lo que necesitamos y mira todo el tiempo que él pasa con nosotros para enseñarnos sobre cómo ser un arqueólogo".

"Oye, Max, eso suena mucho como Dios. Él nos cuida proveyendo a todas nuestras necesidades. Él nos muestra en Su Palabra quién es Él y cómo podemos tener una relación con Él. Dios quiere que seamos parte de Su familia. Él quiere que Le pidamos Su ayuda en cada parte de nuestras vidas. Él quiere que tengamos una relación con Él. Así como pasamos tiempo con el tío Jaime para que podamos conocerlo mejor, Dios quiere que pasemos tiempo para conocerlo a Él".

¿Qué hay de ti? ¿Conoces a Dios? ¿Tienes una relación con Él? Hoy al regresar a Génesis 1, veremos cuán especial es el hombre para Dios, al descubrir la última parte del Sexto Día de la Creación. Así que no te olvides de orar. Luego ve a tu Registro de Observaciones en las páginas 140-141 y lee Génesis 1:26-31. Marca la palabra clave *hombre* y cualquier pronombre que le correspondan, coloreándolo de naranja.

Ahora hagamos una lista para nuestras notas de campo, de todo lo que veamos sobre el hombre.

NOTAS DE CAMPO

Hombre:
Génesis 1:26-27 Dios dijo: "_____ al hombre".

El hombre es hecho a _____ _____ , conforme a Su semejanza.

El hombre debe _____ _____ sobre los peces del mar, sobre las aves del cielo, sobre los ganados, sobre toda la tierra y sobre todo reptil que se arrastra sobre la tierra.

Génesis 1:28 Dios _____ al hombre. Dios dijo al hombre: "Sean _____ y _____ . _____ la tierra y _____ _____ sobre los peces del mar, sobre las aves del cielo y sobre todo ser viviente que se mueve sobre la tierra".

Génesis 1:29 Dios dijo: "Yo les he dado a ustedes toda _____ que da semilla...y todo _____ que tiene fruto que da semilla; esto les servirá de _____ .

Ahora dibuja Génesis 1:26-27:

Y dijo Dios: "Hagamos al hombre a Nuestra imagen, conforme a Nuestra semejanza; y ejerza dominio sobre los peces del mar, sobre las aves del cielo, sobre los ganados, sobre toda la tierra y sobre todo reptil que se arrastra sobre la tierra." Dios creó al hombre a imagen Suya, a imagen de Dios lo creó; varón y hembra los creó.

"Y fue la tarde y fue la mañana: el sexto día".

Ahora lee Génesis 2:1 y dibuja nuestra última ilustración.

Así fueron acabados los cielos y la tierra y todas sus huestes (todo lo que en ellos hay).

Muestra cómo se veía la tierra una vez que la Creación de Dios estaba completa.

"En el séptimo día ya Dios había completado la obra
que había estado haciendo y reposó en el día séptimo
de toda la obra que había hecho".

¡Lo hiciste! ¡Completaste todos los dibujos para nuestra
excavación de cada día de la Creación! ¡Estamos muy orgullosos de ti!
Ahora ve y toma un vaso grande y helado de limonada y relájate en la
sombra.

UNA TAREA ESPECIAL

"Hola, chicos, ¿qué están haciendo?"

Silvia respondió al tío Jaime: "Solo nos alistábamos para ir al sitio
de excavación para nuestra siguiente tarea".

"Antes de hacerla, tengo una tarea especial para ustedes. Han
estado trabajando tan duro estudiando, haciendo un mapa del lugar,
excavando, desenterrando evidencia y dibujando bocetos, que quiero
que se tomen algo de tiempo hoy para pensar en todo lo que han
descubierto hasta ahora".

"¿Qué quieres decir, tío Jaime?" preguntó Max.

"Bueno, sé que ustedes dos han oído diferentes ideas en la escuela
sobre cómo esta tierra y todo en ella llegaron a existir. ¿Han notado
que la evidencia que hemos desenterrado va contra algunas de las
ideas de los hombres?"

"Sí, justo estábamos hablando de eso anoche, ¿verdad Max?"

"Bien", respondió el tío Jaime, "me alegra que estén pensando y
comparando notas. ¿Por qué no comenzamos con esta tarea especial?"

Pasemos los siguientes dos días examinando lo que el hombre
dice que pudo haber sucedido y comparémoslo con lo que Dios dice
que ocurrió. Solo porque algo está impreso en un libro de ciencias, no
significa que sea un hecho. La verdadera ciencia no contradice lo que
la Biblia dice. Muchas ideas que los científicos tienen sobre la datación

de la superficie de la tierra y de cómo se creó la tierra no son hechos comprobados, sino solamente teorías.

Una teoría es una suposición, una predicción, una estimación sobre lo que sucedió. ¿Tenemos que adivinar lo que sucedió en el principio o nos lo dice Dios en Su Palabra? Si no creemos que lo que Dios nos dice tan claramente en Génesis 1 es verdad, entonces ¿cómo podemos creer cualquier otra cosa en Su Palabra? Recuerda nuestro primer verso que memorizamos, 2 Timoteo 3:16-17: "Toda Escritura es inspirada por Dios"; es "soplada por Dios", que significa que viene directamente de Dios para el hombre. Entonces si no podemos confiar lo que la Palabra de Dios dice, ¿podemos confiar en Dios? Tenemos que decidir a quién le vamos a creer: al Dios todopoderoso, omnipotente o al hombre que comete errores.

Antes que veamos cómo los científicos creen que la tierra comenzó a existir y cómo ellos datan la tierra, recuerda que no todos los científicos creen lo mismo. Existen muchos científicos cristianos que creen que este mundo llegó a existir justo como Dios lo dijo en Génesis 1. Además hay muchos científicos que no creían en Dios, pero a medida que estudiaron ciencias, se dieron cuenta que este universo solo pudo haber sido creado por un Dios todopoderoso y se convirtieron en cristianos.

Ahora que sabemos que no todos los científicos creen lo mismo, veamos cómo otros científicos que no creen que Dios creó la tierra, creen que el universo se originó.

La gente que cree que la tierra ocurrió en un periodo de tiempo, que fue solo por casualidad y actos de la naturaleza que nos trajeron a existencia, son llamados *naturalistas*. Los naturalistas creen en la evolución. La evolución es una teoría (predicción, supuesto) que la tierra y todo en ella llegaron a existir por casualidad o por accidente.

Una de las teorías de los evolucionistas es la Teoría del Big Bang. La Teoría del Big Bang dice que toda la materia en el universo fue metida en una caliente, giratoria bola de energía que explotó. Las piezas volaron y se convirtieron en galaxias, el sol, la luna y las estrellas.

¿Alguna vez has visto una explosión en la televisión o en una película? _____ Sí _____ No

¿Fue el resultado de la explosión orden o desorden? _____

¿Tiene sentido que nuestra tierra bella y ordenada, pudiera ser creada de una explosión? ¿Una explosión crea o destruye?

No solo que algunos científicos creen que la tierra llego a existir por una gran explosión, sino que también creen que la tierra no podría haber sido creada en seis días como la Biblia dice, por la geología de la tierra.

La geología es el estudio del origen, historia y estructura de la tierra. Los científicos miran los cañones, montañas, volcanes, cascadas y cuevas y piensan que una enorme cantidad de tiempo tuvo que pasar para que estas maravillas pudieran ser formadas.

Pero la gente que cree en la Biblia recuerda que un evento importante ocurrió en Génesis 7 (el diluvio), el cual fue una catástrofe tan grande que tuvo un efecto tremendo sobre la geología de la tierra y pudo haber causado que los cañones y cascadas se formaran muy rápidamente.

Los científicos también estudian fósiles que son hallados. Ellos utilizan diferentes métodos para descubrir qué tan viejo podría ser un fósil. ¿Sabías que los científicos han fechado algunos fósiles como de millones de años de antigüedad? ¿Es eso posible en base a lo que hemos aprendido en la Biblia?

Un método que los científicos utilizan para descubrir qué tan antiguo podría ser un fósil es llamado la prueba de carbono 14. ¿QUÉ es la datación de carbono 14 y es confiable? Revisa las notas de campo de Silvia y Max.

CARBONO 14

Cuando la luz solar o la luz de las estrellas impactan la atmósfera, esta produce un carbono radioactivo llamado el carbono 14 (C-14). Estos átomos de carbono radioactivo se aferran a una molécula de oxígeno y se convierten en dióxido de carbono. Las plantas absorben dióxido de carbono, el cual contiene este carbono radioactivo (C-14). Luego los animales comen las plantas. Cuando comemos plantas y animales, ingerimos un poco de este carbono radioactivo en nuestros cuerpos.

Cuando muere una planta o un animal, deja de tomar nuevo C-14 y cualquier C-14 que tiene dentro, comienza a descomponerse. Alrededor de la mitad se descompone en aproximadamente 5736 años. El tiempo que se toma la mitad de una cantidad de un elemento radioactivo para descomponerse es alrededor de la mitad de su vida. Así que si encuentras un fósil y pruebas cuánto carbono tiene y solo tiene la mitad que el fósil original tenía, podrías decir que tiene 5736 años.

Debido a que hay muy poco del elemento radioactivo restante después de diez medias vidas más o menos (5736 x 10 = 57.360 años), el C-14 solo puede fechar las cosas más jóvenes que 60.000 años. No puede determinar que algo tiene millones de años, ya que no puede fechar más allá de miles de años.

La datación de carbono también supone que las concentraciones de C-14 en la atmósfera siempre han sido lo que son en la actualidad. Pero esto podría no ser cierto, ya que la atmósfera cambió después del diluvio (aprenderemos sobre el diluvio en Génesis, Parte Dos). Realmente no sabemos cuánto C-14 había antes del diluvio.

Estos problemas con la prueba de carbono nos muestran que no es un método totalmente confiable para usar en la datación de animales, plantas y fósiles.

Los evolucionistas también creen que una vez que la tierra fue creada a partir del big bang, entonces una sola célula de millones de años de materia sin vida fue cambiada hasta que se desarrolló en seres como los peces, las aves y los animales. Ellos creen que el hombre evolucionó (se desarrolló gradualmente) desde una criatura de una sola célula hasta que se desarrolló en un animal con un cerebro, ojos, orejas y nariz.

¿Cómo nos dice Dios en Génesis 1:26-27 que Él hizo al hombre? ¿De un simio? ¡De ninguna manera! ¿CÓMO fue creado el hombre?

_____

¿Recuerdas lo que aprendimos la semana pasada sobre la frase "según su especie" y el ADN? ¿Es posible que un ave tenga un pez bebé?
_____ Sí _____ No

¡No! Existen dos leyes invariables de biología en esta tierra. La vida solo puede venir de la vida y siempre viene de otra semejante. Un ave es un ave y solo puede tener crías aves, así como un perro solo puede procrear más perros. ¿Alguna vez alguien ha visto a un ave tener un pez cría? ¿Es esto un hecho comprobado o solo una teoría? Una teoría es solo un supuesto y no verdadera ciencia. Cada vez que una persona tiene un bebé humano y un animal tiene una cría como sí mismo, la ciencia prueba que lo igual da vida a otro igual, así como Dios dijo: ¡"según su especie"!

¿Tiene sentido la teoría de la evolución? No. Entonces ¿por qué la gente cree en la evolución? Una razón es porque ellos han sido engañados, así como Eva fue engañada en Génesis 3. Satanás no quiere que creamos en un Dios todopoderoso, quien creó los cielos y la tierra y que todo lo puede. Satanás quiere que creamos que nosotros somos dioses. Esta es la base del pensamiento de la Nueva Era: no existe diferencia entre el Creador y la criatura. Ve a la página 144 de tu Registro de Observaciones de Génesis 3. ¿QUÉ dijo Satanás a Eva en Génesis 3:5 que le pasaría el día que ella comiera del fruto?

_____

Entonces desde el principio de la Creación, Satanás se ha determinado a engañar al hombre y hacerlo creer que él puede ser como Dios. Y la misma naturaleza pecaminosa del hombre quiere que el hombre haga lo que bien le parece, a su propia manera. El hombre quiere gobernar, no someterse a un Dios santo.

Busquemos y leamos Romanos 1:18-32.

Romanos 1:18 ¿CÓMO se siente Dios con respecto a los hombres que restringen la verdad?

_____

Romanos 1:19-20 ¿CÓMO hace Dios que la verdad sea evidente al hombre?
Mediante la **C** __ __ __ __ __ __ **N**

Romanos 1:20 ¿Nos muestra Dios quién es Él claramente en la creación? ¿Qué vemos sobre Dios al examinar lo que Él hizo?
Su _____ _____ y _____

Romanos 1:20 ¿Tenemos excusa si no Le creemos a Dios?
_____ Sí _____ No

Romanos 1:21-22 ¿Qué sucede si no honramos a Dios o Le damos gracias?

_____

Romanos 1:25 ¿Ellos cambiaron la verdad por QUÉ cosa?

_____

Romanos 1:25 ¿A QUIÉNES adoraron ellos?

_____

Así que si crees la teoría de la evolución, ¿has cambiado la verdad por QUÉ cosa? La _____ y están adorando a la _____ en lugar del _____.

Al dirigirnos a nuestras tiendas, pensemos sobre todo lo que hemos descubierto hoy. ¿Crees lo que el mundo tiene que decir sobre cómo esta tierra llegó a existir o le crees a Dios? Mañana veremos más versos de las Escrituras que nos dan evidencia sobre cómo este mundo llegó a existir. No olvides practicar tu verso para memorizar, ¡y luego luces fuera! Tenemos otro gran día mañana.

MÁS EVIDENCIA

"Oye, Silvia, ¿qué piensas sobre todo lo que vimos ayer de las ideas del hombre sobre cómo llegó a existir la tierra?

"Creo que es muy triste, Max, que muchas personas crean las palabras de los hombres en lugar de la Palabra de Dios. Me alegra mucho que el tío Jaime nos mostrara lo fácil que es ser engañado si no descubrimos y conocemos la verdad por nosotros mismos. Vayamos al sitio de excavación. El tío Jaime dijo que nos tendría más Escrituras que investigar para que veamos por nosotros mismos qué tiene la Palabra de Dios que decir sobre la Creación".

"De acuerdo, te reto a una carrera".

Únete a Silvia y a Max en buscar las Escrituras que el tío Jaime les dejó. Al leer cada Escritura, ayuda a Silvia y Max a hacer una lista en sus notas de campo a continuación sobre lo que encuentren de Dios. Comienza leyendo Job 12:7-10 y luego haz una lista de lo que veas sobre Dios en tus notas de campo abajo. Haz lo mismo para cada una de las siguientes Escrituras:

Jeremías 32:17-27

Isaías 40:21-28

Isaías 45:11-12

Isaías 51:12-13

Isaías 66:1-2

NOTAS DE CAMPO

Dios:

Job 12:9 La _____ del Señor _____ _____ esto.

Job 12:10 En Su mano está la _____ de todo _____
_____ y el _____ de todo ser humano.

Jeremías 32:17 Dios hizo los _____ y la _____
con Su _____ _____ y Su brazo _____.
_____ es _____ para Dios.

Isaías 40:22 Dios está _____ sobre la _____
de la _____ y _____ los cielos como
una cortina.

Isaías 40:26 Dios creó los _____ y los llama por su
_____ .

Isaías 40:28 Dios es el Dios _____, el _____ ,
el _____ de los confines de la tierra. Él no se _____
ni se _____

Isaías 45:11 El Señor es el _____ de Israel y su _____ .

Isaías 45:12 Yo _____ la _____ y creé al
hombre sobre ella. Yo _____ los cielos con
_____ _____ y di _____ a todo su
ejército.

Isaías 51:13 El Señor, tu _____ extendió los cielos y
_____ los _____ de la _____ .

Isaías 66:2 Todo esto lo _____ Mi _____

Ahora de toda la evidencia que has reunido en la Palabra de Dios, ¿está claro QUIÉN es el Hacedor, el Creador de los cielos y la tierra y de todo lo que están en ellos?

¡Sí! Dios nos muestra muy claramente que Él es el Creador. Nosotros vemos Su gloria en todo lo que Él creó e hizo. La gran pregunta es: ¿creeremos que lo que dice la Palabra de Dios es verdad o trataremos de averiguar las cosas por nuestra cuenta y seremos engañados por una mentira?

Has desenterrado la evidencia en Génesis y en otros pasajes de la Escritura. ¿Se alinea lo que crees con la Palabra de Dios?
_____ Sí _____ No

Si no es así, ¿vas a cambiar tus creencias por las de Dios? ¿Permitirás que Su Palabra te entrene en Su justicia? Esto significa dejar que la Escritura te de la instrucción adecuada y te corrija, para que puedas ser justo y tener una relación correcta con Dios. ¿O escogerás hacer las cosas a tu manera?

Escribe QUÉ harás.

_____

Al dejar el sitio de excavación en este día, dile tu verso para memorizar a un adulto y compárte con él o ella los maravillosos descubrimientos que has hecho sobre Dios. Luego dale gracias a Él por hacerte a Su imagen.

6

CIRNIENDO LA TIERRA

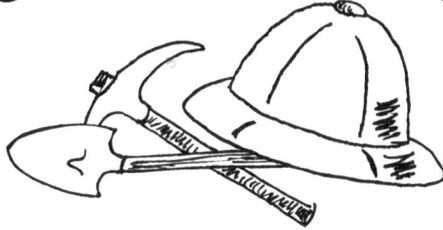

GÉNESIS 2

"¡Vaya, Max! ¡Fue tan asombroso ver cómo las Escrituras nos muestran una y otra vez quién hizo los cielos y la tierra y todo lo que hay en ella!"

"Seguro que sí, Silvia y hay muchos más pasajes de las Escrituras que podemos buscar. Todo lo que tenemos que hacer es estudiar la Palabra de Dios porque Dios quiere que Lo conozcamos a Él y Sus planes para nosotros".

"¡No puedo esperar! El tío Jaime nos dijo que nos veamos con él en el hoyo donde botamos la tierra que cavamos. Me pregunto ¿qué nos enseñará ahora?"

"No lo sé, pero pongamos la correa a Chispa y vayamos a averiguarlo".

CONVIRTIÉNDOSE EN TAMIZADORES

"¡Oye, Chispa! ¿Dónde estás, muchacho? ¡Ven aquí, Chispa! ¡Ven, chico! Buen perro. Vamos a encontrar al tío Jaime en el hoyo de tierra. Espera, Chispa, anda más despacio. ¿Qué pasa contigo?"

"Sé por qué está alocado, Max. Acabaste de decir hoyo de tierra y sabes cuánto ama Chispa la tierra".

"¡Oh no! Ayúdame, Silvia, antes que Chispa deje el campamento hecho un desastre".

¿Por qué no vas hacia el hoyo de tierra y dejas que el tío Jaime sepa que Silvia, Max y Chispa están en camino? ¡Oh mira! Aquí vienen ahora. ¡Toma la correa de Chispa y detengámoslo!

¡Buen trabajo! Ahora estamos listos para orar y luego el tío Jaime nos dará nuestra nueva tarea.

El tío Jaime nos enseñará cómo convertirnos en tamizadores esta semana. Un tamizador es alguien que cierne la tierra del hoyo, para asegurarse que ningún objeto diminuto que pueda ser difícil de ver, se pase por alto. Para cernir la tierra necesitamos un tamiz. Derramaremos la tierra que hemos recogido en un tamiz y luego sacudiremos el tamiz de un lado al otro para hacer que la tierra se filtre a través de los pequeños agujeros en el tamiz. Cualquier objeto pequeño que pudiéramos pasar por alto, será recogido en el tamiz mientras que la tierra pasará por medio de los agujeros. ¿No suena eso divertido?

Empecemos a trabajar y leamos Génesis 1:24-2:25 en las páginas 140-144. Según Génesis 1:24-31, ¿QUÉ es creado en el sexto día?

_____

_____

Génesis 1:26-27 ¿CÓMO fue creado el hombre?

_____

Veamos nuestras notas de campo a continuación, para ver qué significa ser hecho conforme a la imagen y semejanza de Dios.

NOTAS DE CAMPO

La palabra hebra para *imagen* es *tsélem*. Quiere decir "similar a, parecido, no un duplicado exacto".

La palabra hebrea para *semejanza* es *demút*. Significa "semejanza o similitud". Es una palabra de comparación.

¿No es asombroso cómo Dios nos hizo para que nos parezcamos a Él? Ser hecho conforme a Su imagen nos hace diferentes a todas Sus otras creaciones.

Mira Génesis 1:26. ¿CUÁLES son las cosas sobre las que el hombre debe ejercer dominio?

a. _____

b. _____

c. _____

d. _____

e. _____

En Génesis 2:1-3 ¿vemos los cielos y la tierra fueron QUÉ?

_____

Génesis 2:2-3 ¿QUÉ hizo Dios en el séptimo día?

_____

Al leer Génesis 2:4-25, ¿QUÉ está haciendo Dios?

_____

Ya que vimos que Dios terminó Su creación en Génesis 1:1-2:3, ¿es este un registro diferente de la Creación que en Génesis 2:4-25? ¡No! Génesis 1 nos da un panorama, una gran ilustración de Dios creando al hombre y en Génesis 2:4-25 vemos a Dios completando los detalles de Su Creación.

Así que leamos Génesis 2 una vez más y marquemos las siguientes palabras clave de una manera especial:

Dios (el Señor Dios) —dibuja un triángulo morado y coloréalo de amarillo)

tierra (coloréala de café)　　　árbol

huerto　　　　　　　　　　hombre (coloréalo de naranja)

mujer (coloréala de rosado)

¡Buen trabajo! Antes que dejemos el hoyo de tierra, tamicemos nuestro nuevo verso para memorizar. Viendo tu tamiz a continuación, necesitas cernir todas las palabras que son un tipo de tierra: *arena, barro, lodo* y *sedimento*. Al cernir la tierra, tacha cada una de estas palabras en tu tamiz.

Luego tacha todos los nombres de las rocas que encuentres: *arenisca, esquisto, pizarra, granito* y *mármol*. Después que te deshagas de las rocas, cierne todos los minerales al tachar *grafito, sílex, mica* y *yeso*. Una vez que los minerales estén tachados, tamiza todos los cristales tachando el *cuarzo* y la *sal*. Ahora escribe las palabras que queden en tu tamiz en los espacios en blanco a continuación.

Porque	Tú	cuarzo	arena	formaste
mis	mica	pizarra	entrañas	Me
yeso	hiciste	en	barro	mármol
yeso	el	sal	sílex	lodo
seno	sedimento	sílex	de	arenisca
mica	esquisto	mi	grafito	madre
mármol	Te	lodo	daré	granito
gracias	grafito	sedimento	cuarzo	porque
asombrosa	yeso	y	maravillosamente	barro
sal	he	sido	mica	arena
esquisto	hecho	mármol	maravillosas	pizarra
son	barro	Tus	arena	obras
mica	y	granito	mi	alma
lo	cuarzo	sabe	pizarra	muy
bien	Salmos	139	yeso	13-14

_____ ___ _____ _____

_____; __ _____ __ ___

____ ___ ___ _____. __ ____

_____, _____ _____

_ _____ ___ ____

_____; _____ ___ ___

_____, _ __ _____ ___ ____ ____

____.

Salmo 139:13-14

Este es tu nuevo verso para memorizar, así que practícalo diciéndolo en voz alta tres veces, mañana, tarde y noche, ¡cada día!

REGISTRANDO NUESTRA HALLAZGO

"Silvia, no olvides tus notas de campo", dijo Max mientras él cerraba su mochila. "Vamos a registrar nuestros hallazgos hoy".

"Las tengo justo aquí, Max. Veamos: cantimploras, linternas, lápices, cuadernos y los diarios. ¿Hay algo más que necesitemos?"

"Creo que esto es todo excepto por Chispa. Ahora ¿en dónde se metió?"

Mientras Silvia y Max comenzaron a buscar por el campamento, el tío Jaime llegó con un Chispa jadeante. "Chispa tuvo una pequeña aventura con un ave mientras inspeccionaba el sitio de excavación esta mañana. ¿Por qué no lo toman y se dirigen al *h-o-y-o d-e t-i-e-r-r-a*?"

"Me gusta cómo deletreaste el *hoyo de tierra*, tío Jaime", susurró Max. "¿Temes que Chispa tenga otra corrida frenética si lo mencionas?"

"Puedes apostar que sí. Y una corrida frenética por día es básicamente todo lo que puedo manejar", bromeó el tío Jaime. "Nos vemos en el hoyo".

"Vamos, Max" dijo Silvia riéndose, "antes de que Chispa se meta en más problemas".

Ahora al dirigirnos de vuelta al hoyo de tierra, ve a la página 141 de tu Registro de Observaciones y lee Génesis 2 de nuevo. Luego saca esas notas de campo y registra lo que encontraste al cernir la tierra en Génesis 2. Haz una lista de lo que descubras sobre Dios y el hombre en tus notas de campo a continuación.

NOTAS DE CAMPO

Dios:

Génesis 2:2 Dios _____ Su _____ .

Él _____ en el día séptimo.

Génesis 2:3 Dios _____ el séptimo día

y lo _____ .

Génesis 2:4 El Señor Dios _____ la tierra y los

cielos.

Génesis 2:5 El Señor Dios no había enviado _____

sobre la tierra.

Génesis 2:7 El Señor Dios _____ al _____

y _____ en la nariz del hombre el _____

de vida.

Génesis 2:8 El Señor Dios _____ un _____

y _____ al hombre en el jardín.

Génesis 2:9 El Señor Dios hizo brotar todo _____ .

Génesis 2:15 El Señor Dios tomó al hombre y lo puso en el

_____ para que lo _____ y lo

_____ .

Génesis 2:16 El Señor Dios _____ al hombre.

Génesis 2:18 El Señor hizo al hombre una _____

adecuada para él.

Génesis 2:19 El Señor Dios _____ todo

_____ del campo y _____ del cielo y

los trajo al hombre para ver cómo él los llamaría.

Génesis 2:21 El Señor Dios _____ caer un

_____ profundo sobre el hombre; luego Dios tomó

una de las _____ del hombre.

Génesis 2:22 El Señor Dios _____ una _____

de la costilla que Él había tomado del hombre.

Hombre:

Génesis 2:7 Dios _____ al hombre del _____

de la _____ y _____en su nariz el

_____de _____; y el hombre fue un

_____ _____ .

Génesis 2:8, 15 Dios _____ al hombre en el

para que lo _____ y lo _____ .

Génesis 2:16 Dios _____ al hombre.

Génesis 2:18 Dios hizo una _____

para el hombre.

Génesis 2:19 Dios trajo las bestias y las aves para ver cómo el

hombre los _____ .

Génesis 2:22 La mujer es formada de la _____

del hombre.

Génesis 2:23 El hombre llama a su ayuda adecuada _____ ,

porque ella fue tomada del hombre.

Génesis 2:24 Un hombre _____ a su padre y a su

madre y se _____ a su mujer; y serán una sola _____.

Génesis 2:25 El hombre y su mujer estaban ambos _____

y no se avergonzaban.

¡Ahora dirígete a la hoguera y registraremos el resto de nuestros hallazgos mañana!

NUEVOS DESCUBRIMIENTOS

"Oye, Max, realmente me gusta ser una tamizadora".
"A mí también, Silvia y mira a Chispa revolcándose en la tierra".

"¡Vaya, Chispa! Vas a tener que *b-a-ñ-a-r-t-e* esta noche".

Mientras Silvia y Max continúan tamizando la tierra, ¿por qué no registras tus hallazgos de la tierra, el huerto y el árbol en las notas de campo a continuación?

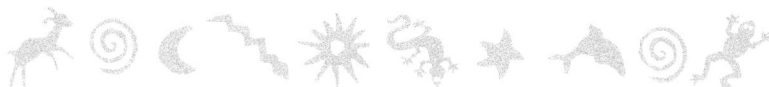

NOTAS DE CAMPO

Tierra:

Génesis 2:1 Fueron _____ los cielos y la tierra todas sus huestes.

Génesis 2:4 Dios _____ la tierra y los cielos.

Génesis 2:5 No había ningún _____ del campo en la tierra, porque el Señor Dios no había enviado _____ sobre la tierra.

Génesis 2:6 Un _____ se levantaba de la tierra y regaba toda la superficie del _____.

Huerto:

Génesis 2:8 Dios _____ un huerto hacia el _____ , en _____ ; y puso allí al hombre.

Génesis 2:9 En medio del huerto estaba el _____ de la _____ y el _____ del _____ del _____ y del _____.

Génesis 2:10 Un _____ salía del _____ para _____ el huerto.

Génesis 2:15 El hombre debía _____ y _____ el huerto de Edén.

Génesis 2:16-17 El hombre podía _____ de todo _____ en el huerto excepto del árbol del conocimiento del bien y del mal.

Árbol:

Génesis 2:9 Dios hizo _____todo árbol _____

a la _____ y _____ para _____ ;

el árbol de la _____ y el árbol del _____

del _____ y del _____ .

Génesis 2:16 Dios ordenó al hombre, diciéndole que podía

_____ de cualquier _____excepto del

_____ del _____ del _____

y del _____.

Génesis 2:17 Comer de este árbol del conocimiento del bien y

del mal causaría que el hombre _____ .

Ahora sal del hoyo de tierra y practica tu verso para memorizar al ayudar a Silvia y Max a darle un *b - a - ñ - o* a Chispa. (Debes deletrearlo porque Chispa odia los baños).

RECONSTRUYENDO LA ESCENA

Ahora que Chispa está limpio y hemos cernido la tierra y registrado nuestros hallazgos, comencemos a reconstruir la escena, mientras Dios nos dice más sobre qué pasó en el Sexto Día de la Creación.

Antes de buscar las respuestas a las seis preguntas básicas, ¿recordaste presentarte ante el "Jefe de Excavación"? Buen trabajo.

Vamos a reconstruir la escena. Lee Génesis 2 en la página 141.

Génesis 2:7 ¿CÓMO hizo Dios al hombre?

Dios _____ al hombre del _____ de la tierra.

Dios _____ en su nariz y el hombre fue un _____
_____ .

Génesis 2:8 ¿DÓNDE puso Dios al hombre para que viva?

_____

Génesis 2:15 ¿CUÁL era el trabajo del hombre?

_____

Génesis 1:29 y 2:16 ¿CÓMO debía el hombre obtener su
alimento?

_____

Génesis 2:16 ¿CUÁL era la única cosa que Dios le dijo al
hombre que no hiciera?

_____

Génesis 2:17 ¿QUÉ pasaría si el hombre desobedecía?

_____

Génesis 2:19 ¿QUÉ puso Dios a hacer al hombre?

_____

Génesis 2:20 Después que el hombre dio nombre al ganado,
aves y bestias, ¿de QUÉ se dio cuenta Adán?

_____

Génesis 2:21-22 Entonces ¿QUÉ hace Dios luego?

_____

Génesis 2:22 ¿CÓMO hizo Dios a la mujer?

_____

Génesis 2:23-24 ¿CÓMO era la relación entre el hombre y la mujer? ¿QUÉ debían hacer?

_____

Ya que Génesis 2:24 habla sobre el matrimonio, ¿te ayuda este verso a entender por qué el divorcio está mal? Busca y lee Mateo 19:3-9.

Mateo 19:6 ¿POR QUÉ no deberían separarse el hombre y la mujer?

_____

¿Te muestran estos versos cuán importante es el matrimonio para Dios?
_____ Sí _____ No

    ¿No es asombroso ver cómo Dios tenía un plan perfecto para el hombre? Dios creó al hombre conforme a Su imagen, para que gobernara sobre toda la creación. Dios proveyó al hombre con un trabajo perfecto, en un ambiente perfecto y con bastante comida. Dios también hizo a la compañía perfecta para el hombre, para que no estuviera solo. Dios formó a la mujer para que fuera una ayuda para el hombre. Él creó el matrimonio como una relación muy especial para que el hombre y la mujer compartieran, una relación que toma a dos personas y las convierte en una.

    Ahora al dirigirte a la tienda comedor, piensa sobre todo lo que has aprendido sobre Dios y Su relación con el hombre.

UN DESCUBRIMIENTO IMPORTANTE

"Oye, Silvia, ¿puedes creer que este es nuestro último día en nuestra excavación? Mamá, Papá, la tía Katy y el tío Guillermo llegarán mañana en la tarde".

"Lo sé Max. No puedo esperar para ver a todos, pero realmente no es nuestro último día en la excavación, porque vendremos en unas pocas semanas".

"¡No puedo esperar! Será mejor que llenemos nuestras cantimploras y volvamos al hoyo".

Ayer al reconstruir la escena en Génesis 2, desenterramos cuán especial es el hombre para Dios. Hoy al terminar con el sitio de excavación, busquemos más evidencia que muestra qué piensa Dios sobre el hombre, al examinar algunas referencias cruzadas.

Leamos Job 10:8-9. ¿De QUÉ formó Dios al hombre?

_____

Busca y lee Job 33:4. ¿CÓMO tiene vida el hombre?

_____

Salmos 100:3 ¿QUIÉN nos hizo?

_____

Salmos 139:13 ¿CÓMO nos hace Dios?

_____

Isaías 43:7 ¿POR QUÉ fuimos hechos?

_____

Isaías 64:8 ¿QUIÉN es el alfarero?

_____

¿QUIÉN es el barro?

_____

¿DEBERÍA el barro decirle al alfarero cómo hacer la vasija?
_____ Sí _____ No

Entonces ¿por qué tratamos y ordenamos a Dios lo que queremos, en lugar de pedirle lo que Él quiere? ¿Dejarás que Dios te moldee y te haga más como Él?
_____ Sí _____ No

Regresa a Isaías 43:7 y mira POR QUÉ fuimos creados.

¿QUÉ significa ser creados para la gloria de Dios? Eso significa que deberíamos vivir para traer honra a Dios. Deberíamos hacer las cosas que Dios quiere que hagamos.

¿QUÉ haces para honrar a Dios? Haz una lista de varias cosas.

_____

_____

_____

¿Haces algo que no Lo honra, como decir mentiras o burlarte de alguien en la escuela? _____ Sí _____ No

Ahora que sabes que Dios te hizo para que Lo honres, ¿te importa lo que haces, cómo te vistes y el lenguaje que usas? _____ Sí _____ No

¿Necesitas tratar mejor a otras personas? _____ Sí _____ No

¿Necesitas cambiar la manera en que te vistes? _____ Sí _____ No

¿Necesitas limpiar tu vocabulario? _____ Sí _____ No

¿CÓMO tratar a las otras personas que Dios hizo a Su imagen?

_____

Los niños pueden ser muy malos unos con otros, burlándose de qué tan grande es la nariz de uno, burlándose si uno es gordo o flaco, muy listo o tonto. ¿Cómo crees que Dios se siente sobre los niños que se burlan de los otros?

_____

Si te burlas de otros chicos, ¿te estás burlando de la creación de Dios? _____ Sí _____ No

Dios hizo especial a cada hombre, a diferencia de cualquier otra parte de Su creación. Di en voz alta tu verso para memorizar. Eres hecho asombrosa y maravillosamente, ¡eres especial! Dios te formó en el seno de tu madre para que seas exactamente como eres.

Éxodo 4:11 dice: "Y el Señor le dijo: '¿Quién ha hecho la boca del hombre? ¿O quién hace al hombre mudo o sordo, con vista o ciego? ¿No soy Yo, el Señor?'"

¿Dios comete errores? ¡Absolutamente no! Somos hechos a imagen de Dios y debemos traerle honor. Él proveyó todo lo que necesitábamos desde el mismísimo principio de nuestra creación. Él nos bendijo y vio todo lo que Él había hecho y era en gran manera bueno.

Piensa en CÓMO Dios te hizo especial. Por ejemplo, ¿eres bueno para las matemáticas, te gusta inventar historias, puedes cantar, eres bueno en los deportes o prefieres tocar el piano? Escribe una nota de agradecimiento para Dios a continuación, diciéndole cuán agradecido estás por la manera en que Él te hizo y por los dones y habilidades que Él te ha dado:

_____

_____

_____

_____

Una manera en que podemos honrar a Dios es ser amable con todos y no burlarnos de aquellos que Él creó. ¿Por qué no escribes otra nota en una hoja de papel para alguien que es diferente a ti? Anímalo al compartirle cómo Dios hizo especial a esa persona. Dile que admiras la manera que él puede tirar un balón de baloncesto o lo graciosas que son sus bromas. Luego pon esta nota en un libro o en un casillero para sorprender a esa persona. ¡Qué manera más maravillosa de honrar a Dios que también hizo especial a él o ella!

Ahora, al terminar Génesis, Parte Uno, vemos que Dios tenía un plan para el universo. ¿Crees que Dios tiene un plan para ti?

_____ Sí _____ No

¿Le preguntarás a Dios cuál es ese plan y vivirás tu vida para Él, ya que fuiste hecho por Él y para Su gloria?

_____ Sí _____ No

¡Lo hiciste! Has desenterrado las verdades de Dios en Génesis, Parte Uno. ¡Estamos muuuy orgullosos de ti! ¡Ahora vamos al campamento para mostrar orgullosamente nuestros hallazgos importantes!

DE VUELTA EN EL CAMPAMENTO

¡Vaya! ¿Puedes creer que nuestra excavación ha terminado? Parece que tan solo ayer llegamos al campamento y nos cambiamos a nuestros pantalones caquis y nos dirigimos al sitio de excavación. Mira todo lo que hemos descubierto. Sabemos quién hizo la tierra y cuál es la edad de la tierra. Hemos visto que Dios el Padre, Dios el Hijo (Jesús) y el Espíritu Santo tuvieron parte en la Creación. Vimos que Dios es un Dios de acción, que Él es un Dios de orden y lógica y que Él tuvo un plan perfecto para cada parte de Su creación. Sabemos que, sin importar lo que cualquiera nos diga, somos creados a imagen de Dios. Somos hechos asombrosa y maravillosamente. ¡Eso es tan espectacular! ¡Nuestro Dios es tan asombroso! Él es el Diseñador Maestro que creó una tierra perfecta para ti y para mí.

¿Es la tierra un lugar perfecto hoy? Encontraremos la respuesta a esa pregunta al continuar excavando la verdad en Génesis, Parte Dos: *Desenterrando el Pasado*. ¿No estás emocionado que nuestra expedición no ha terminado realmente? ¿Regresarás y nos ayudarás a descubrir qué ocurre en el huerto después que Dios crea el primer matrimonio? Seguramente será una aventura muy emocionante.

Ahora, al reunirnos alrededor de la hoguera por última vez, ¡di en voz alta el Salmo 139:13-14 y dilo con todo tu ser! Dios te ama y nosotros te amamos. Nos veremos muy pronto.

Silvia, Max, y

(Chispa)

P.D.: Tenemos otras divertidas aventuras en estudios bíblicos inductivos para ti:

¡Jonás, Camino Equivocado! (Jonás)

Jesucristo en Escena (Juan 1-10)

Jesucristo, Asombroso Poder, Asombroso Amor (Juan 11-16)

Jesucristo, ¡Hacia la Eternidad y Más Allá! (Juan 17-21)

¡Sí que tengo problemas! (Santiago)

Cómo Estudiar Tu Biblia para Niños

RESPUESTAS DE LOS JUEGOS Y ACTIVIDADES

Página 12

Toda   Escritura   es   inspirada   por   Dios

y   útil   para   enseñar,   para

reprender,   para   corregir,   para

instruir   en   justicia;   a   fin

de   que   el   hombre   de   Dios   sea

perfecto,   equipado   para   toda

buena   obra.

2 Timoteo 3:16-17

Página 28

En el principio

Dios creó los

cielos y la

tierra.

Génesis 1:1

Página 35

Páginas 42-43

1. Dios creó
2. Dios se movía
3. Dios dijo
4. Dios vio
5. Dios separó
6. Dios llamó
7. Dios hizo
8. Dios las puso
9. Dios bendijo
10. Dios había completado
11. Dios reposó
12. Dios santificó

Páginas 51-52

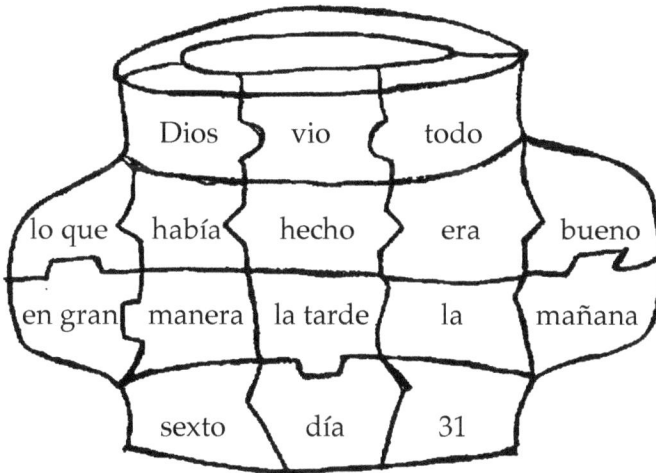

Dios vio todo lo que había hecho; y era bueno en gran manera. Y fue la tarde y fue la mañana: el sexto día.

Génesis 1:31

Página 53

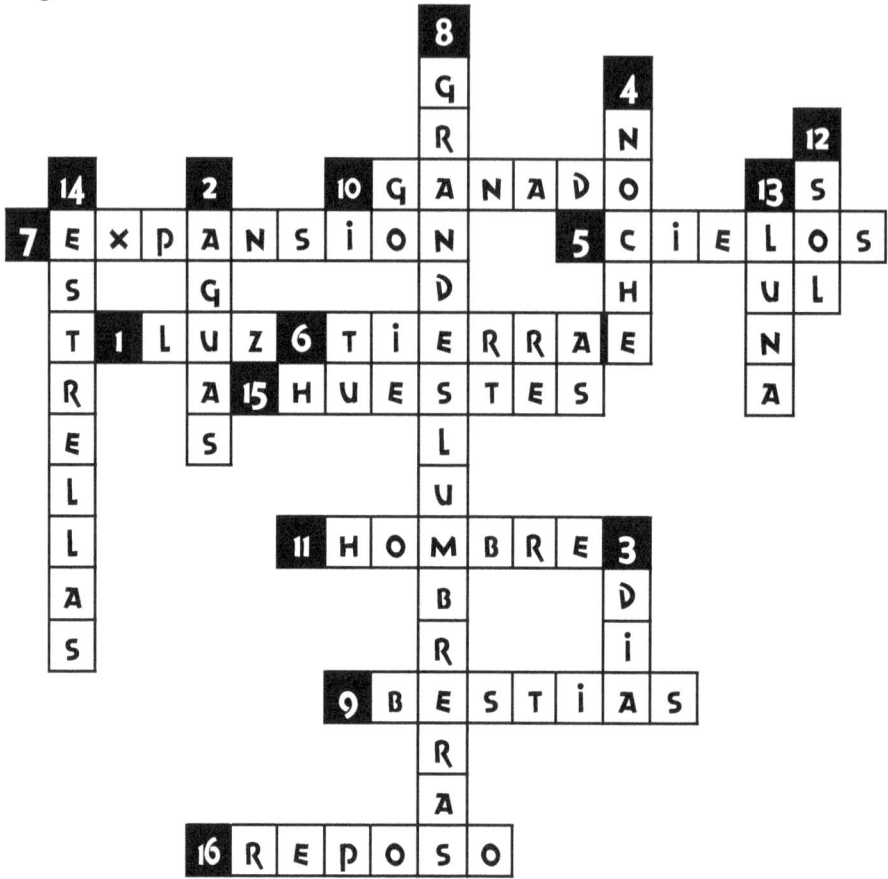

Página 56

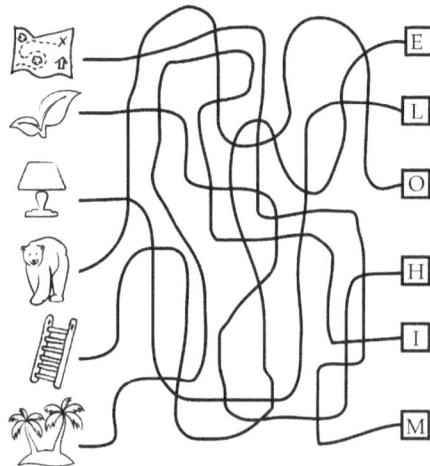

Página 78

$$\frac{E}{7x2}\ \frac{S}{5x6}\ \frac{T}{7x5}\ \frac{E}{20-6}\quad \frac{E}{10+4}\ \frac{S}{10x3}\quad \frac{E}{25-11}\ \frac{L}{9x3}$$

$$\frac{D}{3x4}\ \frac{Í}{5x3}\ \frac{A}{3x2}\quad \frac{Q}{12x4}\ \frac{U}{25+15}\ \frac{E}{8+6}\quad \frac{E}{5+9}\ \frac{L}{35-8}$$

$$\frac{S}{22+8}\ \frac{E}{7+7}\ \frac{Ñ}{13x2}\ \frac{O}{6x6}\ \frac{R}{5x5}\quad \frac{H}{3x3}\ \frac{A}{2+4}\quad \frac{H}{18-9}\ \frac{E}{3+11}\ \frac{C}{7+3}\ \frac{H}{2+7}\ \frac{O}{12x3};$$

$$\frac{R}{19+6}\ \frac{E}{21-7}\ \frac{G}{9x2}\ \frac{O}{29+7}\ \frac{C}{21-11}\ \frac{I}{9+6}\ \frac{J}{7x3}\ \frac{E}{22-8}\ \frac{M}{5x4}\ \frac{O}{41-5}\ \frac{N}{14x2}\ \frac{O}{10+26}\ \frac{S}{18+12}$$

$$\frac{Y}{10x6}\quad \frac{A}{1+5}\ \frac{L}{18+9}\ \frac{E}{25-11}\ \frac{G}{3x6}\ \frac{R}{31-6}\ \frac{E}{7+7}\ \frac{M}{41-21}\ \frac{O}{4x9}\ \frac{N}{36-8}\ \frac{O}{27+9}\ \frac{S}{15x2}$$

$$\frac{E}{2+12}\ \frac{N}{23+5}\quad \frac{E}{29-15}\ \frac{L}{32-5}$$

$$\frac{S}{15+15}\ \frac{A}{8-2}\ \frac{L}{3x9}\ \frac{M}{4x5}\ \frac{O}{6x6}\ \frac{S}{10x3}\ 118:24$$

Página 97

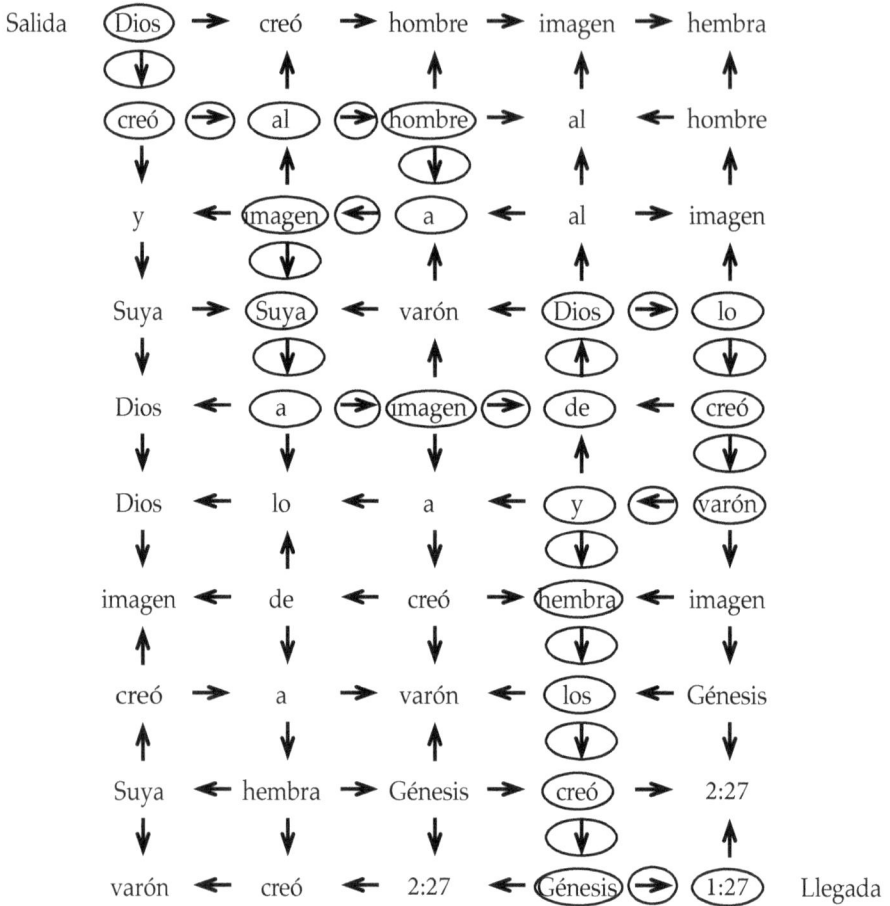

Página 117

Porque	Tú	~~cuarzo~~	~~arena~~	formaste
mis	~~mica~~	~~pizarra~~	entrañas	Me
~~yeso~~	hiciste	en	~~barro~~	~~mármol~~
~~yeso~~	el	~~sal~~	~~sílex~~	~~lodo~~
seno	~~sedimento~~	~~sílex~~	de	~~arenisca~~
~~mica~~	~~esquisto~~	mi	~~grafito~~	madre
~~mármol~~	Te	~~lodo~~	daré	~~granito~~
gracias	~~grafito~~	~~sedimento~~	~~cuarzo~~	porque
asombrosa	~~yeso~~	y	maravillosamente	~~barro~~
~~sal~~	he	sido	~~mica~~	~~arena~~
~~esquisto~~	hecho	~~mármol~~	maravillosas	~~pizarra~~
son	~~barro~~	Tus	~~arena~~	obras
~~mica~~	y	~~granito~~	mi	alma
lo	~~cuarzo~~	sabe	~~pizarra~~	muy
bien	Salmos	139	~~yeso~~	13-14

Porque Tú formaste mis entrañas;

Me hiciste en el seno de mi madre.

Te daré gracias, porque asombrosa y

maravillosamente he sido hecho;

Maravillosas son Tus obras,

Y mi alma lo sabe muy bien

Salmos 139:13-14

Registro de Observaciones

GÉNESIS 1-5

Capítulo 1

1 En el principio Dios creó los cielos y la tierra.

2 La tierra estaba sin orden y vacía y las tinieblas cubrían la superficie del abismo y el Espíritu de Dios se movía sobre la superficie de las aguas.

3 Entonces dijo Dios: "Sea la luz." Y hubo luz.

4 Dios vio que la luz *era* buena; y Dios separó la luz de las tinieblas.

5 Y Dios llamó a la luz día y a las tinieblas llamó noche. Y fue la tarde y fue la mañana: un día.

6 Entonces dijo Dios: "Haya expansión (firmamento) en medio de las aguas y separe las aguas de las aguas."

7 Dios hizo la expansión (el firmamento) y separó las aguas que *estaban* debajo de la expansión de las aguas que *estaban* sobre la expansión. Y así fue.

8 Y Dios llamó a la expansión cielos. Y fue la tarde y fue la mañana: el segundo día.

9 Entonces dijo Dios: "Júntense en un lugar las aguas *que están* debajo de los cielos y que aparezca lo seco." Y así fue.

10 Dios llamó a lo seco "tierra," y al conjunto de las aguas llamó "mares." Y Dios vio que *era* bueno.

11 Entonces dijo Dios: "Produzca la tierra vegetación: hierbas que den semilla, y árboles frutales que den su fruto con su semilla sobre la tierra según su especie." Y así fue.

12 Y produjo la tierra vegetación: hierbas que dan semilla según su especie y árboles que dan su fruto con semilla, según su especie. Y Dios vio que *era* bueno.

13 Y fue la tarde y fue la mañana: el tercer día.

14 Entonces dijo Dios: "Haya lumbreras en la expansión de los cielos para separar el día de la noche y sean para señales y para estaciones y para días y *para* años;

15 y sean por luminarias en la expansión de los cielos para alumbrar sobre la tierra." Y así fue.

16 Dios hizo las dos grandes lumbreras, la lumbrera mayor para dominio del día y la lumbrera menor para dominio de la noche. *Hizo* también las estrellas.

17 Dios las puso en la expansión de los cielos para alumbrar sobre la tierra,

18 y para dominar el día y la noche y para separar la luz de las tinieblas. Y Dios vio que *era* bueno.

19 Y fue la tarde y fue la mañana: el cuarto día.

20 Entonces dijo Dios: "Llénense las aguas de multitudes de seres vivientes y vuelen las aves sobre la tierra en la abierta expansión de los cielos."

21 Y Dios creó los grandes monstruos marinos y todo ser viviente que se mueve, de los cuales, según su especie, están llenas las aguas y toda ave según su especie. Y Dios vio que *era* bueno.

22 Dios los bendijo, diciendo: "Sean fecundos y multiplíquense y llenen las aguas en los mares y multiplíquense las aves en la tierra."

23 Y fue la tarde y fue la mañana: el quinto día.

24 Entonces dijo Dios: "Produzca la tierra seres vivientes según su especie: ganados, reptiles y animales de la tierra según su especie." Y así fue.

25 Dios hizo las bestias de la tierra según su especie y el ganado según su especie y todo lo que se arrastra sobre la tierra según su especie. Y Dios vio que *era* bueno.

26 Y dijo Dios (Padre, Hijo y Espíritu Santo): "Hagamos al hombre a Nuestra imagen, conforme a Nuestra semejanza; y ejerza dominio sobre los peces del mar, sobre las aves del cielo, sobre los ganados,

sobre toda la tierra y sobre todo reptil que se arrastra sobre la tierra."

27 Dios creó al hombre a imagen Suya, a imagen de Dios lo creó;

varón y hembra los creó.

28 Dios los bendijo y les dijo: "Sean fecundos y multiplíquense.

Llenen la tierra y sométanla. Ejerzan dominio sobre los peces del mar,

sobre las aves del cielo y sobre todo ser viviente que se mueve sobre la

tierra."

29 También les dijo Dios: "Miren, Yo les he dado a ustedes toda

planta que da semilla que hay en la superficie de toda la tierra y todo

árbol que tiene fruto que da semilla; esto les servirá de alimento.

30 Y a todo animal de la tierra, a toda ave de los cielos y a todo lo

que se mueve sobre la tierra y que tiene vida, *les he dado* toda planta

verde para alimento." Y así fue.

31 Dios vio todo lo que había hecho; y era bueno en gran manera.

Y fue la tarde y fue la mañana: el sexto día.

Capítulo 2

1 Así fueron acabados los cielos y la tierra y todas sus huestes

(todo lo que en ellos hay).

2 En el séptimo día ya Dios había completado la obra que había estado haciendo y reposó en el día séptimo de toda la obra que había hecho.

3 Dios bendijo el séptimo día y lo santificó, porque en él reposó de toda la obra que Él había creado y hecho.

4 Estos son los orígenes de los cielos y de la tierra cuando fueron creados, el día en que el SEÑOR Dios hizo la tierra y los cielos.

5 Aún no había ningún arbusto del campo en la tierra, ni había aún brotado ninguna planta del campo, porque el SEÑOR Dios no había enviado lluvia sobre la tierra, ni había hombre para labrar la tierra.

6 Pero se levantaba de la tierra un vapor que regaba toda la superficie del suelo.

7 Entonces el SEÑOR Dios formó al hombre del polvo de la tierra y sopló en su nariz el aliento de vida y fue el hombre un ser viviente.

8 Y el SEÑOR Dios plantó un huerto hacia el oriente, en Edén y puso allí al hombre que había formado.

9 El SEÑOR Dios hizo brotar de la tierra todo árbol agradable a la vista y bueno para comer. Asimismo, en medio del huerto, hizo brotar el árbol de la vida y el árbol del conocimiento (de la ciencia) del bien y del mal.

10 Del Edén salía un río para regar el huerto y de allí se dividía y se convertía en *otros* cuatro ríos.

11 El nombre del primero es Pisón. Este es el que rodea toda la tierra de Havila, donde hay oro.

12 El oro de aquella tierra es bueno; allí hay bedelio y ónice.

13 El nombre del segundo río es Gihón. Este es el que rodea la tierra de Cus.

14 El nombre del tercer río es Tigris. Este es el que corre al oriente de Asiria. Y el cuarto río es el Éufrates.

15 El Señor Dios tomó al hombre y lo puso en el huerto del Edén para que lo cultivara y lo cuidara.

16 Y el Señor Dios ordenó al hombre: "De todo árbol del huerto podrás comer,

17 pero del árbol del conocimiento (de la ciencia) del bien y del mal no comerás, porque el día que de él comas, ciertamente morirás."

18 Entonces el Señor Dios dijo: "No es bueno que el hombre esté solo; le haré una ayuda adecuada."

19 Y el Señor Dios formó de la tierra todo animal del campo y toda ave del cielo, y *los* trajo al hombre para ver cómo los llamaría. Como el hombre llamó a cada ser viviente, ése fue su nombre.

20 El hombre puso nombre a todo ganado y a las aves del cielo y a todo animal del campo, pero para Adán no se encontró una ayuda que fuera adecuada para él.

21 Entonces el SEÑOR Dios hizo caer un sueño profundo sobre el hombre, y *éste* se durmió. Y *Dios* tomó una de sus costillas y cerró la carne en ese lugar.

22 De la costilla que el SEÑOR Dios había tomado del hombre, formó una mujer y la trajo al hombre.

23 Y el hombre dijo:

"Esta es ahora hueso de mis huesos,

Y carne de mi carne.

Ella será llamada mujer,

Porque del hombre fue tomada."

24 Por tanto el hombre dejará a su padre y a su madre y se unirá a su mujer y serán una sola carne.

25 Ambos estaban desnudos, el hombre y su mujer, pero no se avergonzaban.

Capítulo 3

1 La serpiente era más astuta que cualquiera de los animales del campo que el SEÑOR Dios había hecho. Y dijo a la mujer:

"¿Conque Dios les ha dicho: 'No comerán de ningún árbol del huerto'?"

2 La mujer respondió a la serpiente: "Del fruto de los árboles del huerto podemos comer;

3 pero del fruto del árbol que está en medio del huerto, Dios ha dicho: 'No comerán de él, ni lo tocarán, para que no mueran.'"

4 Y la serpiente dijo a la mujer: "Ciertamente no morirán.

5 Pues Dios sabe que el día que de él coman, se les abrirán los ojos y ustedes serán como Dios, conociendo el bien y el mal."

6 Cuando la mujer vio que el árbol era bueno para comer y que era agradable a los ojos y que el árbol era deseable para alcanzar sabiduría, tomó de su fruto y comió. También dio a su marido que estaba con ella y él comió.

7 Entonces fueron abiertos los ojos de ambos y conocieron que estaban desnudos; y cosieron hojas de higuera y se hicieron delantales.

8 Y oyeron al Señor Dios que se paseaba en el huerto al fresco del día. Entonces el hombre y su mujer se escondieron de la presencia del Señor Dios entre los árboles del huerto.

9 Pero el Señor Dios llamó al hombre y le dijo: "¿Dónde estás?"

10 Y él respondió: "Te oí en el huerto, tuve miedo porque estaba desnudo y me escondí."

11 "¿Quién te ha hecho saber que estabas desnudo?" le preguntó Dios. "¿Has comido del árbol del cual Yo te mandé que no comieras?"

12 El hombre respondió: "La mujer que Tú me diste por compañera me dio del árbol y yo comí."

13 Entonces el SEÑOR Dios dijo a la mujer: "¿Qué es esto que has hecho?" "La serpiente me engañó y yo comí," respondió la mujer.

14 Y el SEÑOR Dios dijo a la serpiente: "Por cuanto has hecho esto, Maldita serás más que todos los animales, y más que todas las bestias del campo. Sobre tu vientre andarás, y polvo comerás Todos los días de tu vida.

15 "Pondré enemistad entre tú y la mujer, y entre tu simiente y su simiente; él te herirá en la cabeza, y tú lo herirás en el talón."

16 A la mujer dijo: "En gran manera multiplicaré tu dolor en el parto, con dolor darás a luz los hijos. Con todo, tu deseo será para tu marido, Y él tendrá dominio sobre ti."

17 Entonces el SEÑOR dijo a Adán: "Por cuanto has escuchado la voz de tu mujer y has comido del árbol del cual te ordené, diciendo: 'No comerás de él,' Maldita será la tierra por tu causa; Con trabajo (dolor) comerás de ella Todos los días de tu vida.

18 "Espinos y cardos te producirá, Y comerás de las plantas del campo."

19 "Con el sudor de tu rostro Comerás *el* pan hasta que vuelvas a la tierra, porque de ella fuiste tomado; Pues polvo eres, y al polvo volverás."

20 El hombre le puso por nombre Eva a su mujer, porque ella era la madre de todos los vivientes.

21 El Señor Dios hizo vestiduras de piel para Adán y su mujer y los vistió.

22 Entonces el Señor Dios dijo: "Ahora el hombre ha venido a ser como uno de Nosotros (Padre, Hijo y Espíritu Santo), conociendo ellos el bien y el mal. Cuidado ahora, no vaya a extender su mano y tome también del árbol de la vida y coma y viva para siempre."

23 Y el Señor Dios lo echó del huerto del Edén, para que labrara la tierra de la cual fue tomado.

24 Expulsó, pues, al hombre; y al oriente del huerto del Edén puso querubines y una espada encendida que giraba en todas direcciones para guardar el camino del árbol de la vida.

Capítulo 4

1 Y el hombre (Adán) se unió a Eva, su mujer y ella concibió y dio a luz a Caín y dijo: "He adquirido varón con *la ayuda del* Señor."

2 Después dio a luz a Abel su hermano. Y Abel fue pastor de ovejas y Caín fue labrador de la tierra.

3 Al transcurrir el tiempo, Caín trajo al Señor una ofrenda del fruto de la tierra.

4 También Abel, por su parte, trajo de los primogénitos de sus ovejas y de la grasa de los mismos. El Señor miró con agrado a Abel y su ofrenda,

5 pero no miró con agrado a Caín y su ofrenda. Caín se enojó mucho y su semblante se demudó.

6 Entonces el Señor dijo a Caín: "¿Por qué estás enojado y por qué se ha demudado tu semblante?

7 "Si haces bien, ¿no serás aceptado? Pero si no haces bien, el pecado yace a la puerta y te codicia, pero tú debes dominarlo."

8 Caín dijo a su hermano Abel: "Vayamos al campo." Y aconteció que cuando estaban en el campo, Caín se levantó contra su hermano Abel y lo mató.

9 Entonces el Señor dijo a Caín: "¿Dónde está tu hermano Abel?" Y él respondió: "No sé. ¿Soy yo acaso guardián de mi hermano?"

10 Y el Señor le dijo: "¿Qué has hecho? La voz de la sangre de tu hermano clama a Mí desde la tierra.

11 "Ahora pues, maldito eres de la tierra, que ha abierto su boca para recibir de tu mano la sangre de tu hermano."

12 "Cuando cultives el suelo, no te dará más su vigor. Vagabundo y errante serás en la tierra."

13 Y Caín dijo al Señor: "Mi castigo es demasiado grande para soportarlo.

14 "Hoy me has arrojado de la superficie de la tierra y de Tu presencia me esconderé y seré vagabundo y errante en la tierra. Y sucederá que cualquiera que me halle me matará."

15 Entonces el Señor le dijo: "No será así, *pues* cualquiera que mate a Caín, siete veces sufrirá venganza." Y el Señor puso una señal sobre Caín, para que cualquiera que lo hallara no lo matara.

16 Y salió Caín de la presencia del Señor y se estableció (habitó) en la tierra de Nod, al oriente del Edén.

17 Y conoció Caín a su mujer y ella concibió y dio a luz a Enoc. Caín edificó una ciudad y la llamó Enoc, como el nombre de su hijo.

18 A Enoc le nació Irad. Irad fue padre de Mehujael, Mehujael fue padre de Metusael y Metusael fue padre de Lamec.

19 Lamec tomó para sí dos mujeres. El nombre de una *era* Ada y el nombre de la otra, Zila.

20 Y Ada dio a luz a Jabal, el cual fue padre de los que habitan en tiendas y *tienen* ganado.

21 Su hermano se llamaba Jubal, el cual fue padre de todos los que tocan la lira y la flauta.

22 Zila a su vez dio a luz a Tubal Caín, forjador de todo utensilio de bronce y de hierro. Y la hermana de Tubal Caín *era* Naama.

23 Lamec dijo a sus mujeres: "Ada y Zila, oigan mi voz; Mujeres de Lamec, presten oído a mis palabras, pues he dado muerte a un hombre por haberme herido, y a un muchacho por haberme pegado.

24 "Si siete veces es vengado Caín, Entonces Lamec *lo será* setenta veces siete."

25 Adán se unió otra vez a su mujer; y ella dio a luz un hijo y le puso por nombre Set, porque, *dijo ella*: "Dios me ha dado otro hijo en lugar de Abel, pues Caín lo mató."

26 A Set le nació también un hijo y le puso por nombre Enós. Por ese tiempo comenzaron *los hombres* a invocar el nombre del Señor.

Capítulo 5

1 Este es el libro de las generaciones de Adán. El día que Dios creó al hombre, a semejanza de Dios lo hizo.

2 Varón y hembra los creó. Los bendijo y los llamó Adán el día en que fueron creados.

3 Cuando Adán había vivido 130 años, engendró *un hijo* a su semejanza, conforme a su imagen y le puso por nombre Set.

4 Y los días de Adán después de haber engendrado a Set fueron 800 años y tuvo *otros* hijos e hijas.

5 El total de los días que Adán vivió fue de 930 años y murió.

6 Set vivió 105 años y fue padre de Enós.

7 Y vivió Set 807 años después de haber engendrado a Enós y tuvo *otros* hijos e hijas.

8 El total de los días de Set fue de 912 años y murió.

9 Enós vivió 90 años y fue padre de Cainán.

10 Y vivió Enós 815 años después de haber engendrado a Cainán y tuvo *otros* hijos e hijas.

11 El total de los días de Enós fue de 905 años y murió.

12 Cainán vivió 70 años y fue padre de Mahalaleel.

13 Y vivió Cainán 840 años después de haber engendrado a Mahalaleel y tuvo *otros* hijos e hijas.

14 El total de los días de Cainán fue de 910 años y murió.

15 Mahalaleel vivió 65 años y fue padre de Jared.

16 Y vivió Mahalaleel 830 años después de haber engendrado a Jared y tuvo *otros* hijos e hijas.

17 El total de los días de Mahalaleel fue de 895 años y murió.

18 Jared vivió 162 años y fue padre de Enoc.

19 Y vivió Jared 800 años después de haber engendrado a Enoc y tuvo *otros* hijos e hijas.

20 El total de los días de Jared fue de 962 años y murió.

21 Enoc vivió 65 años y fue padre de Matusalén.

22 Enoc anduvo con Dios 300 años después de haber engendrado a Matusalén y tuvo *otros* hijos e hijas.

23 El total de los días de Enoc fue de 365 años.

24 Y Enoc anduvo con Dios y desapareció porque Dios se lo llevó.

25 Matusalén vivió 187 años y fue padre de Lamec.

26 Y vivió Matusalén 782 años después de haber engendrado a Lamec y tuvo *otros* hijos e hijas.

27 El total de los días de Matusalén fue de 969 años y murió.

28 Lamec vivió 182 años y tuvo un hijo.

29 Y le puso por nombre Noé, diciendo: "Este nos dará descanso de nuestra labor y del trabajo de nuestras manos, por *causa* de la tierra que el Señor ha maldecido."

30 Y vivió Lamec 595 años después de haber engendrado a Noé y tuvo otros hijos e hijas.

31 El total de los días de Lamec fue de 777 años y murió.

32 Noé tenía 500 años, y fue padre de Sem, de Cam y de Jafet.

www.ingramcontent.com/pod-product-compliance
Lightning Source LLC
Chambersburg PA
CBHW081513040426

42447CB00013B/3210